Sucht

als Ausdrucksform eingeebneter moralischer Werte

von Uwe Schmidt

1. Auflage 0001-1000
   L.I.S.S. Verlag Hamburg 1996

2. überarbeitete Auflage 1001-10.000
   IPT Verlag Hamburg 1997

Sucht

als Ausdrucksform

eingeebneter

moralischer Werte

**Gesellschaft und Sucht
in der verfallenden
westlichen Hochkultur**

von Uwe Schmidt

Herstellung und Verlag:
BoD - Books on Demand, Norderstedt
ISBN 978-3-7347-9505-3

Sucht
als Ausdrucksform eingeebneter moralischer Werte?

0.0 Vorwort

1.0 Einleitende Betrachtung und Abriss der Arbeit

2.0 Versuch grundlegender definitorischer Betrachtung
2.1 Definition des Suchtbegriffes in der Literatur
    2.1.1 Etymologische Betrachtung
    2.1.2 Verschiedene Definitionen von Sucht
    2.1.3 Probleme der Gesellschaft bei der Suchtdefinition
2.2 Definition von Moral
    2.2.1 Etymologische Betrachtung
    2.2.2 Innere und äußere Moral
    2.2.3 Der Versuch einer Definition
    2.2.4 Gesellschaftliche Funktion
        2.2.4.1 Gut und Böse
        2.2.4.2 Moral als theoretisches Modell
        2.2.4.3 Die Reproduktion der Moral
        2.2.4.4 Praktizierte Moral und Heuchelei
3.0 Sucht und Moral
3.1 Abkehr vom Dogma des Suchtkranken
    3.1.1 Was ist ein Kranker in Bezug auf Sucht.
    3.1.2 Was ist ein Kranker in Bezug auf Moral.

- 3.2 Gesamt-Suchtmodell:
  Sucht als Verhaltensweise.
  - 3.2.1 Stoffgebundene und stoffungebundene Sucht?
  - 3.2.2 Warum kann die Gesellschaft nur dann Normabweichler aushalten, wenn sie als krank definiert werden.
  - 3.2.3 Einige Gedanken zur niederschwelligen Drogenarbeit.
- 3.3 Der Zwang zur Normalität
  - 3.3.1 Die Folgen weltweiter Moralnormisierung
  - 3.3.2 Normen, Sanktionen und Chancen.
- 4.0 Drogen, Sucht und Rituale
- 5.0 Verlust der Familienrituale
- 6.0 Ein anderer Suchtansatz als Denkmodell

0.0 Vorwort

Es ist mir völlig klar, daß ein so anspruchsvolles Thema die räumlichen Vorgaben dieses Büchleins sprengen, deshalb bitte ich, die Arbeit als Abriss des Gesamtthemas zu betrachten und als Versuch, den ständig ansteigenden Drogenkonsum einmal von einer anderen Seite zu betrachten.

Im wesentlichen untersuche ich zwei große Blöcke, den Suchtbegriff und den Moralbegriff. Danach gilt es die gewonnenen Erkenntnisse in einen neuen Zusammenhang zu setzen.

In einem folgenden, umfangreicheren Werk werde ich dezidierter auf die Problematik eingehen. Mit diesem Abriss möchte ich ein kleines Taschenbuch für jedermann schaffen, der nicht allzu tief in die Materie eindringen will, aber eine gute Kurzinformation braucht, um mit jugendlichen diskutieren zu können und um die eigene Position zu überprüfen.

Der Rattenfänger von Hameln hat zwar die Bürger um ihre Kinder gebracht, aber die Schuld lag bei den Bürgern selbst; so wie das Heroin uns unsere Kinder nimmt, aber wir tragen die Schuld.

1.0 Einleitende Betrachtung und Abriss der Arbeit

Wir leben im Zeitalter der Süchte, eine recht neue Erscheinung wenn wir Sebastian Scheerer [1]) folgen, der zwischen der Abhängigkeit und der Sucht explizit differenziert, wobei er die Abhängigkeit als Verhaltens- und Umgangsform mit der, dem Menschen umgebenden Umwelt definiert, Sucht aber als neue Form menschlichen Sozialverhaltens erkennt und ihren Beginn in das 16. Jahrhundert [2]) legt. Dabei ist Sucht eine Verhaltensweise, die erst durch die Behandlung der `Süchtigen´ durch die `Nichtsüchtigen´ zur Sucht avanciert. [3]) Auf beide Autoren werde ich im weiteren Verlauf des Aufsatzes noch weiter eingehen. Noch einmal Abhängigkeit. Der Mensch ist in vielfältige Abhängigkeiten eingebunden. Grundle-

---

[1]) Sebastian Scheerer, Special: Sucht, Rohwoldt Taschenbuch Verlag, Reinbek bei Hamburg 1995, S. 25
[2]) Ebenda S. 15
[3]) Vergleiche Sündenbocktheorie von Thomas S. Sjsasj in: Das Ritual der Drogen, Bücher des Wissens im Fischer Verlag 1980, s. 38

gend ist er abhängig von Atmung, Ausscheidung, Nahrung, Vermehrung und daraus resultierenden Organisationsformen die wir Kulturformen nennen. Seit der Mensch ein bewußtes Lebewesen ist, lebt er in selbst organisierten Gruppen. Das Zusammenleben ist durch Rituale, Moral und Gesetze geordnet, um in einer feindlichen Umwelt zu überleben. Ein grundlegendes Element ist dabei die Beziehung, in der Familien-, Horden-, Geschlechts-, Macht-, und/oder Religionsstrukturen. Der Mensch ist also auch abhängig von der Gesellschaft in irgendeiner Form. Solange es menschliche Kultur gibt, benutzt er Drogen für Rituale, als Arzneien oder um sich zu erfreuen. Genau dieser letzte Punkt, die Genussdrogen, die schwere Arbeit, ob körperlich oder geistig erst möglich bzw. erträglich machen, werden in unserer heutigen Gesellschaft zum Scheidepunkt zwischen Gut und Böse.

Die angenehme Abhängigkeit vom geliebten Partner hat aber keine andere Dimension als die angenehme Abhängigkeit vom belebenden Kaffee oder dem Genuss einer guten Musik. Abhängigkeit ist also Grundlage menschlicher Kultur.

Ich will in dieser Arbeit auf die andere Dimension der neuen gesellschaftlichen `Erfindung´ der Sucht eingehen und versuchen, diese Dimension kenntlich zu machen und zu umreißen.

2.0 Versuch einer grundlegenden definitorischen Betrachtung.

Eine sehr geläufige Suchttherapie ist die, der übersteigerten Verhaltensweise bzw. des unüberwindbaren Zwanges eine Substanz oder ein Verhalten immer wieder einzusetzen. Dank dieser Beschreibung von Sucht, beklagen sich immer mehr Wissenschaftler über eine Inflation der Süchte. [4] [5] Der Begriff Substanz wurde in Zweifel gerückt, da viele neue Süchte das Merkmal eines unüberwindbaren Zwanges zur Ausübung einer bestimmten Tätigkeit aufzeigen. Der auch hier schwammige Begriff von Sucht als zwang-

---

[4] Vergl. Lieb, Hans "Süchtig nach Suchtdiagnosen? in : Sucht 6/1991, S . 409 ff .

[5] Vergl. Herwig-Lemp, Johannes " Das Phänomen der soge nannten neuen Süchte" in: Neue Praxis 1/1987, S. 54 ff

haftes Verhalten, lässt sich auf jeden Menschen in einer bestimmten Lebensphase anwenden.

Ich bin der Ansicht, daß Menschen, die Ihren Liebeskummer bekämpfen, dies mit allen Arten des zwanghaften Verhaltens tun (übermäßig viel arbeiten, hungern, schlafen etc.), ohne das Liebeskummer als Droge, die eine Sucht hervorruft, gilt. Diese Suchttheorie bezeichnet jegliche

übermäßige (was nun wieder sehr relativ zu sehen ist) Handlungen als Sucht und definiert damit nichts anderes, als ein abweichendes Verhalten (welches die Gesellschaft nicht aushalten kann) von der herrschenden Gesellschaftsnorm für die jeweilige Tätigkeit. Weniger Behandlungsbedürftigkeit implizierende Suchtdefinitionen existieren ebenfalls. So wird von biochemischer Seite aus seit 1975 von der körpereigenen Sucht, der "hochgradig fixierenden Luststimulierung"[6] gesprochen. Sie beschreibt den Vorgang der Freisetzung von körpereigenen Endorphinen, etc. in Erschöpfungs-, Leistungs- oder Glücksmomenten.

---
[6] Vergl. Bejerot, Niels " Chemische Liebe, 1977, S. 276 ff.

Sucht bedeutet hier die Abhängigkeit von der körpereigenen Belohnung. Warum aber wird die Suche nach Belohnung als Sucht und damit als Krankheit bezeichnet? Ist es nicht ein menschliches Grundverlangen, Bestätigung, Glück, Freude, Stimulierung, oder Lust, etc. zu erfahren und zu empfinden? Oder ist der Mensch nur dann süchtig, wenn er zu viel bzw. übermäßig viel Glück empfinden will? Der biochemische Vorgang ist für mich nachvollziehbar, ebenso wie die Abhängigkeit von den damit erzeugten Gefühlen; es scheint mir jedoch unerklärlich, in welchem Kontext hier der Suchtbegriff verwendet wird.

2.1. Definition des Suchtbegriffes in der Literatur
2.1.1 Etymologische Betrachtung

Die Menschen haben schon immer Drogen genommen, die Ihre Stimmung, ihre Wahrnehmung und ihr Erleben, also ihr Bewusstsein veränderten. Sie haben psychoaktive Substanzen zuerst zufällig entdeckt, dann aber gezielt konsumiert. Rausch und Ekstase sind uralte, allgemein verbreitete und gut dokumentierte Phänomene. Deshalb sollte man annehmen, daß es Sucht auch immer schon gegeben hat. Doch das ist weit gefehlt. Die Menschheit hat bis in das Zeitalter der Aufklärung in einem Selbstwahrnehmungszustand gelebt, der Sucht nicht kannte, und erst in der Zeit der Industrialisierung wurde die Sucht erfunden. [7]

Betrachten wir das Wort Sucht einmal etymologisch. Zunächst bezeichnet Sucht nichts anders als jede körperliche, nicht auf Unfällen und äußeren Verletzungen beruhende Krankheit. Er kommt aus dem gotischen sinfan (= krank sein) und war bis zum 16. Jahrhundert der allgemeine Begriff für Krankheit. Die Fall — Sucht war also nichts anderes als die Fall — Krankheit oder Epilepsie. Die Idee einer Drogensucht spielte im Denken jener Zeit keine Rolle. Als Sucht wurde also jede Krankheit bezeichnet, außer der Sucht im heutigen Sinne. Vom 16. Jahrhundert an wurde der Begriff Sucht durch Krankheit ersetzt, das Wort Sucht blieb für Laster aber einem übersteigerten

---

[7] Vergl. " Spezial: Suchtf, Sebastian Scheerer, Rowohldt Taschenbuch Verlag Hamburg 1995, S. 9

Gang zu einer Besonderheit. Sucht war zu dieser Zeit eine negative Charaktereigenschaft, wobei diese eher belächelt denn bestraft wurden. Mit der Zeit wandelte sich dieser Begriff über Doppelbegriffe wie Sehnsucht, Ruhmsucht und Rachsucht zu starken moralischen Unwertbegriffen bis zu einer als krankhaft bzw. unmoralisch angesehene Verhaltenstendenz.

2.1.2 Verschiedene Definitionen von Sucht

Meyers kleines Lexikon, BGB Leipzig 1968 schreibt unter dem Stichwort: "Sucht zu `siech´ Abhängigkeit eines Menschen von der Aufnahme eines S. mittels (z.B. Morphium, Kokain), die im ausgeprägten Stadium zu krankhaftem Verlangen gesteigert ist. Auch Nikotingenuss kann zur S. werden. f [8]) und im Volksbrockhaus: " Sucht, die krankhafte, aber leidenschaftliche Gier [9]).

Sehr viel ausführlicher zeigt sich schon das "Neue Taschen Lexikon": " Sucht, Süchtigkeit, Rauschgift-

---

[8] Vergl.: " Meyers kleines Lexikon, BGB Bibliographisches Institut Leipzig 1968, Bd. 3, S. 526

[9] Vergl.: " Der Volksbrockhausf, Brockhaus Verlag Wiesbaden 1970, S. 902

sucht, krankhaftes Verlangen nach einem Rauschmittel (...) verbunden mit einer seel. und körperl. Abhängigkeit von dem S. mittel u. zunehmender Abstumpfung (Gewöhnung) gegen seine Wirkung, so daß allmählich immer höhere Dosen des S. mittels zur beabsichtigten Rauschwirkung benötigt werden. Bei der Entstehung der S. wirken seel. Faktoren (Labilität, Haltlosigkeit, Willensschwäche), körperl. Vorgänge (" Einbau der Suchtmittel in das Stoffwechselgeschehen) u. die Eigenart des jeweiligen S. mittels zusammen. Direkte bzw. indirekte S.-folgen sind seel. Schädigungen, körperl. Verfall, nachlassende Leistungs- u. Widerstandskräfte, u. U. auch asoziale oder kriminelle Verhaltensweisen, Behandlung durch Entziehungskur u. Psychotherapie". [10]) Wir sehen, der Suchtbegriff unterliegt zeitlich und regional einem Wandel und doch haben alle eines gemeinsam, es gibt noch keine allgemein schlüssige Definition.

Schauen wir noch einmal unter Abhängigkeit nach, zuerst das "Neue Taschen Lexikon": Abhängigkeit,

---

[10] Vergl.: "Das neue Taschenlexikonf", Bertelsmann Verlag, Wiesbaden 1970, S. 255

Psychologie, siehe Hörigkeit und unter diesem Stichwort. " die Abhängigkeit eines Menschen vom Willen eines anderen, die ein freies Handeln nicht mehr zulässt, z B. im Geschlechtsleben", [11]) der große Volksbrockhaus verzichtet ganz darauf, den Begriff zu definieren. Ich werde diesen Punkt später rekursieren. Da die allgemeine Literatur wenig hergibt, werde ich folgende Fachliteratur untersuchen.
" Der Begriff Sucht, so wie er heute von Laien und Fachleuten benützt wird, bezeichnet nicht eine Krankheit, sondern eine verachtete Form der Verhaltensabweichung, wie auch Scheerer ihn gebraucht. Dementsprechend beziehen sich die Termini `Süchtiger´, `Suchtkranker´ oder neudeutsch `Drogenabhängiger´ nicht auf einen Patienten guten Glaubens, sondern auf eine stigmatisierte Identität, die dem Betreffenden meist gegen seinen Willen aufgezwungen wird. [12])
Szasz plädiert für einen praktischen Liberalismus, für Pluralität von Religion, Weltanschauungen und ver-

---

[11] Vergl.: "Das neue Taschenlexikon , a.a.O., S. 255
[12] Vergl. " das Ritual der Drogen, Thomas S. Szasz, Fischer Taschenbuch Verlag, Feb. 1980, S. 11

schiedenen Ansichten von psychischer Gesundheit. Er impliziert auch den freien Wettbewerb zwischen diesen Wegen, und für ihn sollte es möglich sein, sich frei zwischen dem Genuß von Martinis, Sportwagen, Opium oder LSD zu entscheiden. Dieser Ansatz ist als niederschwelliger, akzeptierender Ansatz recht interessant.

Wilhelm Feuerlein, der Papst der Alkoholismustheorie, ist noch ganz gefangen im Suchtpotential der Droge selbst, für ihn beginnt Sucht erst mit der Droge, Sucht und Abhängigkeit vermischen sich bei ihm ununterscheidbar. [13])

Je nach psychischer Struktur und Suchtmittel unterscheidet Wolf- Detlef- Rost die Sucht unserer Gesellschaft, siedelt ihr Erscheinen als gesellschaftliches Problemfeld aber ebenfalls in der Moderne an. Er analysiert verschiedene Suchtformen aus psychoanalytischer Sicht, kommt aber ebenfalls zu keiner griffigen Gesamtformulierung. [14])

---

[13] vergl. " Alkoholismus- Missbrauch und Abhängigkeit, Wilhelm Feuerlein, Thieme Verlag Stuttgart 1975/1982, S. 7 ff

[14] vergl. " Psychoanalyse des Alkoholismus f, Wolf- Detlef-Rost, Klett Cotta Verlag 1992 S. 11 ff

Wenn wir den Begriff Sucht definieren wollen, müssen wir uns zuerst von den Mythen befreien, denn es gibt keine Droge, weder Heroin, noch irgend eine noch so potente Designer Droge, die sofort süchtig macht, und Berichte, jemand wäre nach einmaliger Einnahme süchtig geworden, gehören in den Bereich moderner Legenden.

Ich will das anhand zweier Beispiele aus meiner praktischen Arbeit mit Heroin- und Kokainsüchtigen belegen. Eine Klientin musste wegen einer schwierigen Operation im Krankenhaus behandelt werden. Sie hatte starke Angst, zusätzlich zum Operationsstress auch noch den Entzug durchstehen zu müssen. Deshalb wurde sie während des Krankenhausaufenthaltes mit Polamidon substituiert. Was wir nicht wussten, war, das man ohne ihr Wissen die Ersatzdroge ausgeschlichen hatte. Wir wurden davon erst am Tage ihrer Entlassung unterrichtet. Gleich nachdem sie aus dem Krankenhaus entlassen wurde, suchte Sie uns auf, um unter anderem die Aufnahme ins Polamidon- Programm zu organisieren. Es ging ihr gut und sie war glücklich in der Klinik Polamidon bekommen zu haben, was sie auch weiterhin brauchen würde. Als wir Ihr mitteilten, daß dies nicht nötig wäre, da sie schon fast eine Woche nur ein Placebo erhalten hatte, bekam sie sofort heftige körperliche Entzugserscheinungen und brach psychisch total zusammen.

Der andere Fall war ein Politoxikomane, ich nenne ihn Peter, der zu mir kam als er schon einen recht starken „Affen" hatte. Er versuchte von mir Geld zu leihen um seine Situation irgendwie zu stabilisieren, sprich Drogen zu kaufen. Ein Bekannter gab ihm ein Tütchen und er verschwand auf Toilette, um sich einen Schuss zu setzen. Ich machte meinem Bekannten heftige Vorwürfe, weil ich nicht wollte, das bei mir gedealt wird. Dieser winkte ab, der Stoff war nur ein Päckchen Traubenzucker. Trotzdem war Peter, nachdem er sich den „Schuss" gesetzt hatte, seine Beschwerden los und war ruhig und ausgeglichen.

Ich habe diese beiden Beispiele gebracht um zu verdeutlichen, daß Sucht ursächlich unabhängig von irgendwelchen Stoffen ist, aber anders gewendet, da Sucht mit jedem Stoff möglich ist, egal ob Heroin oder Endorphine, denn Sucht ist eine während der Sozialisation erlernte Kulturtechnik und nicht das Ergebnis der Wirkung irgend eines bösen Stoffes oder einer Krankheit.

Der Körper produziert Neurotransmitter, davon sind zwei Gruppen besonders interessant. Erstens die Endorphine, körpereigene Opiate, die es dem Körper auf natürlichem Wege möglich machen, mit Belastung und Stress umzugehen.
Zweitens die Norepinephine, die auf schmerzhafte, besorgnis- und angsterregende Reize reagieren und den Organismus mit Energie für den Kampf mobilisieren, ihm die Kraft geben, das Problem anzugehen, statt sich von Angst lähmen zu lassen.

Durch ein glückliches und zufriedenes Leben, Erfolg, Liebe und Anerkennung werden diese körpereigenen Opiate im Körper erzeugt und das Gehirn erhält die natürliche Belohnung. Belohnt sich nun jemand künstlich, durch Drogen, so erhält er einen so überwältigenden Belohnungsschub, wie er ihn auf dem üblichen Wege nie erreichen würde. Gleichzeitig wird die körpereigene Ausschüttung von Neurotransmittern reduziert. [15]) Sahihi verfolgt hier einen chemisch- biologischen Ansatz der nach meiner Meinung schon in die richtige Richtung führt.

Etwas handfester definiert da Werner Gross, Sucht ist ein "unabweisbares Verlangen nach einem bestimmten Gefühls-, Erlebnis- und Bewusstseinszustand. Dieser veränderte Bewusstseinszustand kann durch psychotrope Substanzen wie Alkohol, Drogen, Medikamente etc. herbeigeführt werden oder durch süchtig entgleiste Verhaltensweisen wie z. B. übermäßiges Spielen, Essen oder Arbeiten. Dabei halte ich seinen zweiten Definitionssatz für maßgebend" Man wird

---

[15] vergl. " Designer Drogen f, Urmann Sahihi, Heyne Verlag München 1993, S. 26 ff.

nicht von einer Droge abhängig, sondern von dem Gefühls- Erlebnis- oder Bewusstseinszustand", egal ob dieser Zustand im regulären Leben oder durch eine Droge erlangt wird. [16])

2.1.3 Probleme der Gesellschaft bei der Suchtdefinition

Aus Mangel an einer klaren Abgrenzung zwischen Sucht, Abhängigkeit und Gewöhnung definiert die WHO 1964 den Begriff der Abhängigkeit als Zustand, der sich aus der wiederholten Einnahme einer Droge entwickelt. Die Differenzierung zwischen psychischer und physischer Abhängigkeit ersetzt den bis dato zu allgemeinen Suchtbegriff. Der Versuch einer Beschreibung von Sucht scheitert an den zu groben Merkmalen, die auf die Mehrheit der Menschen zutreffen konnten, ohne daß diese mit sogenannten Suchtstoffen überhaupt in Berührung kamen. Heute sind verschiedene Suchttheorien in Gebrauch, wie wir eingangs erfuhren. Suchttheorien meint ein Konstrukt

---

[16] vergl. " Was ist das Süchtige an der Suchtf, Werner Gross, Reuland Verlag 1992, S. 13

der Erklärung, wodurch Sucht verursacht wird, und wie sie sich äußert, so daß ihr Zustand als unvergleichbar beschrieben werden kann. Dabei wird immer wieder herangezogen, daß Sucht nur dann Sucht ist, wenn das Suchtmittel den Lebensmittelpunkt des Süchtigen ausmacht.

Die Definition der amerikanischen Psychiatrischen Vereinigung (APA) von 1987, sowie die der WHO erklärt Sucht als eine körperliche Abhängigkeit, die durch Toleranzbildung und Entzugserscheinungen zu erkennen ist. Charakteristisch in diesem Sinne sind folgende Symptome:

= ein überwältigendes Verlangen oder echtes Bedürfnis (Zwang) das Mittel fortgesetzt zu Nehmen und es auf jede Weise in die Hände zu bekommen (auch durch kriminelle Handlung, Sekundärkriminalität)
= Tendenz die Dosis zu steigern
= psychische und in der Regel auch physische Abhängigkeit von der Wirkung des Mittels
= schädliche Folgen für die Abhängigen und die

Gesellschaft. [17])

Diese Definition verstrickt sich nach meiner Meinung in Widersprüchen und ist so nicht haltbar, da alle Symptome auftreten müssen, um den Zustand der Sucht zu beschreiben, stellt sich die Frage, warum in Punkt drei nur von einer körperlichen Abhängigkeitssituation ausgegangen wird? Damit läßt sich diese Definition eine Möglichkeit der reinen Psychischen Abhängigkeit zu Definitionen von allgemein anwendbar erscheinen läßt. ! Eine andere Möglichkeit grenzt diese Definition aus, die in der Realität
oft vorkommt, die Variation, daß eine Person körperliche Abhängigkeitssymptome nachweist, aber kein Verlangen nach der Substanz verspürt [18]) s. o. (hier

---

[17] Anm.: Bei diesem Definitionsansatz fällt die Uneingeschränktheit auf, wenn man Sucht mit Kriminalität gleichsetzt und als Suchtmittel zum Beispiel Geld oder Macht annimmt. Folgen wir der Definition, so ist das Erlangen von Geld und Macht ein echtes Bedürfnis, ja ein zwanghaftes Verlangen vieler Menschen, auch die Tendenz die Dosis zu steigern ist vielen Geld- oder Machthungrigen nicht fremd. Es hat für den Geldsüchtigen und die Gesellschaft negative Folgen, macht auf jeden Fall psychisch abhängig und bei vielen Menschen dieser Couleur ist das körperliche Wohlbefinden durch Macht — oder Geldbesitz beeinflussbar.

[18] Anm.: (d. h., kein echtes Bedürfnis — Punkt 1- oder physische Abhängigkeit — Punkt 3-).

zeigt sich wieder, daß Sucht nur als gesellschaftliches Verhaltensmuster wirklich fassbar ist).

Diese Situation ist zum Beispiel oftmals bei Patienten zu beobachten, die mit Opiaten behandelt werden (bei Krebs etc.). Punkt 4 nennt als ein Erkennungsmerkmal von Sucht "schädliche Folgen". Wenn ich einen sorgfältigen Blick auf diese Folgeschäden werfe, wird mir klar, daß diese Schäden nicht aus dem Konsum der Substanz erfolgen, sondern Begleitumstände des Konsums einer illegalisierten Substanz sind. Unter dieser Voraussetzung können die schädlichen Folgen auch kein Merkmal eines Suchtzustandes sein.

2.2 Definition von Moral

Wenn alle Naturkräfte und Elemente sich verbünden, um einen Menschen zu dienen und zu gehorchen, wenn die Sonne auf seinen Befehl auf — und unterginge, (...) er würde doch elend sein, bis Ihr ihm wenigstens einen Menschen gebt, mit dem er sein Glück teilen und dessen Wertschätzung und Freundschaft er genießen kann". [19])

Moral ist ein oft verwandter Begriff, von dem jeder spricht, und fast jeder nimmt für sich in Anspruch moralisch zu sein, aber nur die Wenigsten hinterfragen, was sie selbst darunter verstehen, oder ergründen, wenn sie mit anderen darüber reden, was er damit meint. So plaudern beide munter über Moral, haben auch eine vage Vorstellung und meinen doch jeder etwas anderes. Das es aber eine Moral gibt, setzen (fast) alle voraus. Für mich gilt in dieser Arbeit herauszubekommen, was das denn nun ist, diese Moral, ob sie ein jeder hat, egal ob er will oder nicht, also angewachsen wie ein Arm oder ein Bein und nur von mehr minderer Qualität, und ob, wenn das nicht so ist, es vernünftig ist, sich eine solche anzueignen, also ob es für ein Individuum vernünftig ist, moralisch zu sein. Hume schrieb in seinem Traktat über die menschliche Natur " Es ist mir unbehaglich, zu deuten, zu denken, daß ich eine Sache billige, eine andere missbillige, ein Ding schön und ein anderes hässlich

---

[19] David Hume, Eine Untersuchung über die Prinzipien der Moral, Phillip Reclam Verlag, Stuttgart 1984, S. 1

nenne, über Wahrheit und Unwahrheit, Vernunft und Torheit entscheide, ohne zu wissen, aus was für Gründen ich den Entscheid fälle." [20])

2.2.2 Etymologische Betrachtung

Um dem Begriff der Moral näher zu kommen bietet es sich an, das Wort ebenfalls auf seine etymologische Herkunft zu überprüfen. Der aus dem lateinischen überkommene Name > Moral < hat sachlich und etymologisch die gleiche Bedeutung wie der, aus dem Griechischen stammende Name > Ethik <. Beide stammen von Wörtern gleicher Bedeutung ab, nämlich > Ethik < vom griechischen > Ethos < und >Moral < vom lateinischen > Mos <. Sie bedeuten Sitte, Brauch, Gewohnheit. Die Wörter > Sittlichkeit < und sittlich < sind auch im Deutschen von der Sitte abgeleitet, in der Bedeutung von Brauchtum. Somit war ursprünglich sittliches Verhalten ein übliches Verhalten. Dieser Zusammenhang wurde schon von Aristoteles, dem Begründer der philosophischen Ethik, her-

---

[20] ebenda S. 3

vorgehoben [21]). Da Moral Gesellschaft bedingt, denn sie beschreibt das Verhältnis des Umganges mit anderen Individuen, also Sitten und Gebräuche, muss das Behandeln und das Beurteilen von Mitmenschen Regulativen unterliegen. " Die Verbindlichkeit dieser Erwartungen oder Normen beruht auf der Wirkung von Sanktionen, d.h. von Belohnungen und Bestrafungen für konformes oder abweichendes Verhalten [22]). Zur Durchsetzung von Sanktionen, gleich ob positiv oder negativ ergibt sich zwingend, daß es Unterschiede im Rang der Gesellschaftsmitglieder geben muß. Diese Unterschiede werden gefestigt durch die Regeln der Moral, und damit schließt sich der Kreis. Offen bleibt die Frage, was war zuerst da, >die Henne oder das Ei<, also die Unterschiede oder die Moral.

Inwieweit die Grundlagen der Moral aus dem Verstand oder aus dem Gefühl herzuleiten sind, bedarf als nächstes der Klärung. "Das moralische Gesetz ist gleichsam als ein Faktum der reinen Vernunft gege-

---

[21] Vergl. Eberhardt Orthbrandt, Geschichte der grossen Philosophen, Verlag Werner Dausien, Hanau/M, S. 186 ff

[22] Ralf Dahrendorf, Über den Ursprung der Ungleichheit unter den Menschen, J.S.B. Mohr, Tübingen 1966, S. 23

ben, dessen wir uns a priori bewusst sind, und welches apodistisch gewiss ist." [23]) Wenn wir Kants Auffassung folgen und zwischen moralischen und unmoralischen Handlungsweisen unterscheiden, unterstellen wir, dass der Beurteilte eine Entscheidungsmöglichkeit hat, sich moralisch, oder unmoralisch zu entscheiden. Gleichzeitig unterstellen wir, dass er diese Entscheidung verstandesgemäss, also bewusst getroffen hat und frei war in seiner Entscheidung. Beides ist aber nicht möglich, da er nicht aus sich selbst entscheidet, denn er ist überfrachtet mit der Geschichte seiner Vorfahren, die auf seine Handlungen und Entscheidungen einwirkt. Handelte es sich bei moralischem Handeln um emotionales Handeln, so wäre ein unmoralisches Handeln ebenfalls gefühlsmässig zu begründen und damit zwar beurteilbar, nicht aber verurteilbar.

Doch derartige Überlegungen sind rein spekulativ, da jedes Handeln innerhalb einer Gesellschaft moralisch sein muss, es sei denn, der Akteur bemüht sich die

---

[23] Emanuel Kant, zitiert aus: Geschichte der grossen Philo sophen, a. a. O. S. 323

Gemeinschaft zu verlassen oder zu zerstören. In diesem Falle ist jede Handlung unmoralisch, da sie sich gegen die Gemeinschaft wendet.

2.2.3 Innere und äussere Moral

Da Gesellschaft Moral bedingt und umgekehrt, wirft sich die Frage auf, was unter der Bezeichnung unmoralisch, die wir umgangssprachlich so häufig verwenden, zu verstehen ist. Wenn wir einem Akteur vorwerfen, er handele unmoralisch, und wir meinen dies wörtlich, so gibt es zwei Möglichkeiten, wie das gemeint sein kann. Entweder handelt er entgegen unserer inneren Moral, oder entgegen der äusseren Moral. In den meisten Fällen drücken wir jedoch einfach nur unsere individuelle Missbilligung gegenüber seinem Handeln aus.

Aber selbst, wenn wir sein Handeln als nicht der einen oder anderen Moral entsprechend beurteilen, so sprechen wir ihm doch nicht jede Moralität ab. Ausserdem kann seine Handlung einem anderen durchaus moralisch erscheinen. Wie kann es also sein, dass eine Aktion dem einen moralisch erscheint, der andere aber die Moral für verletzt hält. Es liegt nahe, dass jeder einzelne von einer anderen Moraldefinition ausgeht und andere Inhalte für sich reklamiert. Moral ist nichts anderes als die Lehre von Gut und Böse. " Gut und Böse sind die durch Temperament, Brauch und Lehre im Einzelfall unterschiedliche Neigungen und Abneigungen (...) [24])." Also muss es verschiedene Moralen geben, die verschiedenen Gruppen innerhalb der Gesellschaft zuzuordnen sind.

Quer durch alle Moralformen innerhalb einer Gesellschaft unterscheide ich zwei grundlegende Moralbedingungen:

Die innere Moral, die dem Individuum zuzuordnen ist, und die

Äussere- oder Gruppenmoral, die einer Schicht oder Klasse zuzuordnen ist, wobei natürlich auch die innere Moral klassen- oder schichtsspezifisch ausgebildet ist.

Die innere Moral ist der Anspruch, den das Individu-

---

[24] Thomas Hobbes, zitiert aus: Geschichte der grossen Philosophen, a.a. O., S. 268

um an sich stellt. Es ist gleichzeitig das Verhaltensmuster, das Funktionsschema, mit dem es sich mit der Umwelt, sprich den Möglichkeiten, die ihm gegeben sind, abgleicht. Die Homogenität oder Differenziertheit der inneren Moral ist individuell verschieden und variiert mit der Gruppenzugehörigkeit des Individuums. Moralische Kriterien können beim Übergang von einer zur anderen Gruppe individuellen Änderungen unterworfen sein, zum einen durch einen Lernprozess, zum anderen aber auch um eine bessere Gruppenanpassung zu gewährleisten. Dabei ist der Idealzustand die Kongruenz zwischen seiner inneren und der äusseren Moral. Das heisst, die Individuen, die einen eng umfassten, inneren Moralbegriff inkorporiert haben, haben es schwerer, breit gefächerte Sozialkontakte zu knüpfen und zu erhalten. Ihre Intoleranz, also in diesem Falle, feste innere Moral, wird hier zur gesellschaftlichen Hemmschwelle. Anders herum, das Individuum mit einer differenzierten inneren Moral, also der tolerante Mensch, hat den Vorteil der breit gefächerten Sozialkontakte.

Er kann sich einfacher an andere Gruppenmoralen und damit Herrschaftsverhältnisse anpassen. Er ist aber nicht weniger moralisch als jener mit der homogenen inneren Moral. Stimmen innere Moral und Lebensabläufe nicht überein, so gerät das Individuum in eine Krise, eine innere Revolution, und es muss, um lebensfähig zu bleiben, innere Moral und Lebensumstände zur Deckung bringen. Das kann geschehen durch Änderung der inneren Moral oder durch verändern der Lebensumstände.

Ein Beispiel: Ein Mann, der es für seine "innere Pflicht", also Moral, für wichtig hält, seine Familie vernünftig zu versorgen (a), bekommt den Auftag Kriegswaffen herzustellen.

Gleichzeitig ist dieser Mann Pazifist (b). Gibt er diesen Job auf, so muss er Punkt A seiner inneren Moral verletzten. Führt er diesen Job weiter, so muss er Punkt B seiner inneren Moral verletzen. Die Krise, die diese Diskrepanz auslöst, kann nur durch drei Wege gelöst werden.

1. Er passt seine innere Moral den Gegebenheiten an.
2. Er verändert seine äusseren Lebensumstände.

Der dritte Weg, der heute meistens beschritten wird, ist die innere Moral beizubehalten und entgegengesetzt oder auf jeden Fall " unmoralisch zu handeln.

In dem Bemühen um Integration in eine Gruppe ist die einfachste Form, sich der Meinung der Gruppe zu versichern. "Dieses Verstellen der Realität durch Besinnung auf das Verhalten der anderen nennen wir Konvention." [25])

Ein Überzeugter Abtreibungsgegner zum Beispiel, könnte eine tolerante Einstellung erlangen, weil er innerhalb einer Gruppe lebt, die dieses Problem tolerant beurteilt, und sich mit seiner ablehnenden Einstellung vereinsamt fühlt. Die Anpassung an eine Gruppe beeinflusst die Moral in einem hohen Masse, denn sich konform zu verhalten, oder sich von einer Gruppe abzusetzen, sind je nach psychischer Struktur des Individuums sehr starke Bedürfnisse, die man als Anerkennung bezeichnet. " Dies Anerkennen geht also darauf,

---

[25] Arno Plack, die Gesellschaft und das Böse, Paul List Verlag München 1967, S. 42

sich als Totalität der Einzelheit für den anderen zu erweisen, so sich in ihm anzuschauen und ebenso den anderen, aber in diesem (...) hebt die Totalität der Einzelheit sich selbst auf." [26])

Der Mensch zeichnet sich aus durch die Fähigkeit, seine Handlungen und Dispositionen rational zu gestalten. Diese Fähigkeit ist es, die sich im moralischen Menschen im höchsten Grade manifestiert, während unter dem Einfluss der Vernunft die übrigen Möglichkeiten in einem ausgewogenen Verhältnis untereinander verwirklicht werden. Diese Zielsetzung, die wir auch Glück nennen, ist die Verminderung der Konflikte zwischen der Summe aller Wünsche und Antriebe, ohne diese unbillig zu unterdrücken. [27]) [28]) Das Konfliktpotential wird durch die äussere Moral noch erweitert. Diese äussere oder Gruppenmoral ist auch

---

[26] George W. F. Hegel, Frühe politische Systeme, Ullstein Verlag Frankfurt/M. 1974, S. 325

[27] Vergl.: Bernhard Williams, Der Begriff der Moral, Eine Einführung in die Ethik, Reclam Verlag 1978, S. 64

[28] Anm.: Hier ist auch die Schnittstelle zwischen Abhängigkeit und Sucht anzusiedeln, das vereinzelte Lebewesen fühlt sich immer weniger verantwortlich für das eigene Glück, dieses wird zum gesellschaftlichen Anspruch, der Anspruch wird dann durch die Produktion und Verabreichung von Drogen gedeckt, der Teufelskreis beginnt.

nicht homogen, sondern schicht- und klassendifferent und abhängig von der individuellen Entwicklung sozialer Gruppierungen. Zwischen innerer und äusserer Moral besteht ein ständiger Austausch, genau wie zwischen den Moralen der verschiedenen Gruppen. Diese verschiedenen Formen der Moral grenzen auch Gruppen untereinander ab oder Individuen aus. Neben diesen Formen gibt es noch die öffentliche, staatlich sanktionierte Moral. Auf die Problematik der verschiedenen Moral gehe ich im Abschnitt >Gesellschaftliche Funktion und Moral< noch näher ein.

2.2.4 Der Versuch einer Definition

Nach dieser Fülle von Moralformen, die per se alle unter der einen Bezeichnung MORAL laufen, drängt sich die Frage auf, ob es wirklich derart verschiedene Moralen gibt, oder ob es sich dabei um ein und dasselbe handelt, das nur verschieden interpretiert wird. Um den diffusen Begriff gesellschaftswissenschaftlich fassbar zu machen, sollen drei Tatbestände vorausgesetzt werden:

1. Dass die Akteure im gesellschaftlichen Handeln, also in Vorsatz und Vollzug, gewünschte und nicht gewünschte Folgen ihres Handelns unterscheiden und entsprechend handeln oder zu handeln versuchen.
2. Dass die Akteure mit dem Handeln Ansprüche gegen sich und gegen Ko-Akteure verbinden, gleichgültig ob dies im freundlichen oder feindlichen Sinne geschieht.
3. Dass die Akteure je nach Vorsatz oder Vollzug oder Nichtvollzug einer Handlung Lob oder Tadel, Zustimmung oder Ablehnung, Billigung oder Missbilligung oder allgemein, Legitimation oder Delegitimation bekunden. [29])

Man kann also gesellschaftswissenschaftlich von Moral als Tatsache sprechen, wenn diese drei Tatbestände erfüllt sind. Solange Moral auf diesen drei Voraussetzungen basiert, nicht mehr und nicht weniger, also auf der BEWERTUNG von gesellschaftlichem Handeln, unabhängig von einer WERTUNG, so kann man

---

[29] Wetzel, Script zur Vorlesung Praktische Politische Philo sophie, an der Hochschule für Wirtschaft und Politik 1989 in Hamburg, S. 2

ohne weiteres behaupten, dass jedes menschliche Gesellschafts- oder Sozialsystem, ohne Rücksicht auf seine Entwicklungsstufe oder Form, moralisch ist.

In ihrer geschichtlichen Entwicklung ändern sich aber Vorsatz und Erwartungen der Akteure hinsichtlich ihrer Handlungen, sodass sich die daraus resultierende Moral ändern muss. Das ist ein langsamer und langwieriger Prozess. Im Rahmen der Sozialisation werden den Nachkommen Moralmuster der inneren und äusseren Moral übermittelt, die für die alte Generation wohl noch zutraf, die bei der nachfolgenden Generation jedoch Deckungsbrüche zwischen sozialisierter Moral und Realität bringen. Eine derart zweifelhaft gewordene Moral muss durch eine neue ersetzt werden, wobei es eine Frage von Macht und Machtanspruch ist, wie schnell und reibungslos dieser Wechsel erfolgt. [30])

---

[30] Anm.: Marx und Nietsche haben einen Anpassungsprozess der Moral an die gesellschaftlichen Verhältnisse begründet, der lange überfällig war, der aber nur durch die bestehenden Machtverhältnisse nicht vollzogen werden konnte. Das ist auch daran zu erkennen, dass die innere Moral der Mächtigen schon geraume Zeit mit der äusseren Moral, die sie proklamierten, nicht mehr übereinstimmte. (s.a. Nietzsche Werke Band 2, S. 77). Aus genau demselben Grund musste dann das Experiment Sozialismus scheitern.

Bleiben wir aber bei den Voraussetzungen, die notwendig sind für den Tatbestand Moral, so ist eine Destruktion von Moral nicht möglich, solange wir sie gesellschaftlich beziehen. Der Gegensatz von Moral, nämlich keine Moral, wäre nur möglich, wenn die menschliche Gemeinschaft in jeder Form, als auch jede Interaktion und jede Kommunikation aufgehört würde, zu existieren. Auch der Gegensatz, gute und schlechte Moral, ist wie der Gegensatz guter Regen und schlechter Regen. Moral ist an sich, denn die Bewertung und Beurteilung von Handlungen und Handlungsabsichten waren ja gerade die Grundlage von Moral. Wir können Aktionen bewerten, aber Moral bewerten hiesse, das Bewerten nochmals zu bewerten und wäre damit tautologisch.

Das ändert aber nichts daran, dass moralische Unterschiede existieren, denn schon Hume sagte, die, die das leugnen "kann man zu den unredlichen Streitern zählen; Ist es doch unvorstellbar, dass irgendein menschliches Wesen jemals ernsthaft glauben könnte, alle Charaktere und Handlungen verdienten in gleichem Masse die Zuneigung und Achtung aller." [31])

2.2.5 Gesellschaftliche Funktion der Moral

Friedrich Nietzsche versteht "unter Moral ein System von Wertschätzungen, welches mit den Lebensbedingungen eines Wesens sich berührt." [32]) Er bestreitet moralische Handlungen als eingebildet und nicht nachweisbar, ja er lehnt ihr Vorhandensein sogar als nicht möglich ab und räumt allenfalls ein, dass es moralische oder unmoralische Absichten geben kann. Die Unterscheidung moralischen oder unmoralischen Handelns, basiert auf der Annahme, dass diese Gattung von Absichten und Handlungen von freien Absichten und Handlungen ausgeht. Da aber diese ganze Gattung von Absichten und Handlungen rein imaginär sind, da wir durch unseren Geschichtsbezug nie frei sind in unseren Entscheidungen und nur an freie Entscheidungen der Massstab für Moral anzulegen wäre, kann es ein moralisches Handeln an sich nicht geben.

---

[31] Eine Untersuchung über die Prinzipien der Moral, David Hume, Phillip Reclam Verlag, Stuttgart 1984, S. 87

[32] Friedrich Nietzsche, Werke Bd.II, Das Bergland Buch Verlag, Salzburg 1985, S. 68 ff

Woher kommt dann aber die Moral? Da dem Menschen als Idealbild das Individuum vorschwebt, besteht der Irrtum der Mensch könne eigenverantwortlich Handeln und Entscheiden. Hierin liegt die Grundlage. Der Gegensatz moralisch = unmoralisch entsteht nach Nietzsches Auffassung aus diesem falschen Verselbstständigen des Individuums als Atom. Gleichzeitig ist die Gesellschaft dem Individualismus argwöhnisch gegenüber, da sie ihn als natürlichen Feind empfindet. Daraus folgt das Bestreben der Gruppe, die Zielsetzung der Individualisierung zu verlegen, um die Gefahr der Atomisierung der Gruppe zu verhindern. [33]) Die Folge ist die Überwindung des Individuums durch Verlegung seiner Zielsetzung.

Die Verlegung der Zielsetzung bedingt die Kenntnis der Ziele des Individuums. Der Mensch als Einzelwesen bejaht sich am stärksten in seiner Geschlechtlichkeit, seiner Habsucht, seiner Herrschsucht, seiner Grausamkeit, u. s. w. Dies alles sind Handlungen, die er nur auf sich bezogen vollzieht . Da diese egozentrischen Triebe der Gesellschaft entgegenliefen, verwarf

---

[33] ebenda S. 77

man sie als negativ und setzte ihnen imaginäre soziale Handlungsmuster entgegen. So kam es zur Unterscheidung gut und böse, wobei GUT als Gesellschaftsnutzen zu definieren ist, und BÖSE als Bedeutung des Wortes Moral, also Sitte, Brauch, Gewohnheit, so ist die Unterscheidung moralisch = unmoralisch eine Gesellschaftliche Unterscheidung zwischen > der Gemeinschaft nützlich < und > der Gemeinschaft nicht nützlich <. Das diese Unterscheidung von Meinungen abhängt, folgere ich aus dem Satz von Bertram Russel, "Es ist wohl klar, dass es weder Wahrheit noch Falschheit geben könnte, wenn es keine Meinungen gäbe." [34]) Auf die Moral umgemünzt, heisst das, es könnte weder moralisches noch unmoralisches Handeln geben, wenn es keine Meinungen gäbe. Man hat also während der Entwicklung der menschlichen Gemeinschaften die stärksten, natürlichen, also die einzig realen Triebe des Individuums verdrängt und unterdrückt und an deren Stelle irreal-ideelle Ziele gesetzt. Der gute, der moralische Mensch

---

[34] Betram Russel, Wahrheit und Falschheit (1912) in: Wahrheitstheorien, Hrsg. S. Skirbekk, Suhrkamp Taschenbuch verlag, Frankfurt/M 1977, S. 64

muss also, um in der Gesellschaft zu bestehen, seine ureigenen Triebe unterdrücken und verleugnen.

"Man fördert sein Ich stets auf Kosten des anderen", "Leben lebt immer auf Unkosten anderen Lebens, wer das nicht begreift, hat bei sich auch nicht den ersten Schritt zur Redlichkeit getan." [35]) Der moralische Mensch, also der Gute, der im Einklang mit sich und seinem Umfeld lebt und dabei seinen Vorteil vernachlässigt, wird entweder als verrückt angesehen, wenn es niemandem nützt oder als besonders edel, wenn einem anderen ein Vorteil daraus erwächst. Nur wenige bemerken, dass dem Gebenden, dem Verzichtenden der Vorteil des Stolzes, der Stimmung, des Ansehens daraus erwuchs. Bourdieux bezeichnet dieses Verhalten als Investition in Sozialbeziehungen, "die früher oder später einen unmittelbaren Nutzen versprechen," [36]) und Nietzsche erklärt, dass die positive Bewertung solcher Handlungsweisen für den Empfänger zweierlei Vorteil hat. Zum ersten muss er sich nicht um den

---

[35] Friedrich Nietzsche, a.a.O., S. 78
[36] Pierre Bourdieu, Ökonomisches Kapital, kulturelles Kapital, soziales Kapital, Verlag Otto Schwarz, Göttingen 1983, S. 192

Vorteil bemühen, und zum zweiten wird der Gebende zu weiterem Geben angespornt. "Der Egoismus derer, welche Hilfe und Wohltat brauchen, hat das Unegoistische so hoch gehoben!" [37])

Gut und Böse als unegoistisch und egoistisch auszulegen ist ein Fehler, ein historischer Irrtum, [38]) [39]) vielmehr ist Gut gleichbedeutend mit >nach den Gesetzen leben< und böse bedeutet >nicht nach dem Gesetz leben< wobei das Gesetz oder die Sitte zeitlichen Veränderungen unterworfen ist und damit nicht absolut fassbar, während Egoismus in allen seinen Formen konstant ist. So kann in einer Gesellschaft diese oder jene Form des Egoismus gut, in der Anderen böse sein. "Wird ein Dieb als Krimineller eingestuft, so ist seine Bestrafung eine Sanktion für seinen gesellschaftlich nicht anerkannten Egoismus, d.h. für seine Abweichung vom Normenverhalten. Er ist also nicht

---

[37] Friedrich Nietzsche, a.a.O. S. 74

[38] Vergl.: Platon, Sokrates im Gespräch, Fischer Bücherei, Frankfurt/M 1954, S. 19ff

[39] Anm.: Wie früh in unserer Geschichte dies erkannt wurde und wie wenig diese wichtige Erkenntnis in der breiten Volksmasse verbreitet wurde, zeigt anschaulich, wie wichtig und vor Allem wie nützlich das Gute, das Christliche für die herrschende Schicht ist, um ungetrübt ihren Nutzen daraus zu ziehen.

an sich gut oder böse, sondern nur zur Zeit nicht bereit, sich in das gesellschaftliche Normengefüge zu integrieren." [40])

Auch hier haben wir wieder eine Parallele. Der Süchtige hat für sich ebenfalls entschieden, ein gesellschaftlich nicht anerkanntes Glücks = oder Betäubungsgefühl, einen gewissen Egoismus, für sich zu realisieren und ist nicht bereit, sich in das gesellschaftliche Normengefüge zu integrieren. Dafür wird er gesellschaftlich sanktioniert und therapiert.

Die Verneinung der Triebe, des Egoismus und seine falsche Wertschätzung zielt auf das Interesse derer, denen geholfen wird, also der Masse, der Gesellschaft, nicht aber auf das des Individuums. Aus Furcht vor der Kraft des Egoisten, sollten diese prachtvollen und gut geratenen, ehrlichen Menschen gebucht werden, um die Angst der Schwachen zu mindern. Dem Unterliegenden, dem Schwachen soll geholfen werden, gegen den Sieger und (man) bringt

---

[40] Uwe Spillner, über das Wesen und die Notwendigkeit der Kriminalität in der Leistungsgesellschaft, L. I. S. S. = Verlag, Hamburg 1980, S. 3

damit eine Unehrlichkeit mit sich, gerade bei den wertvollsten Menschen. [41])

Unsere Wertschätzungen bestimmen, welche Dinge wir überhaupt akzeptieren, und wie wir sie akzeptieren. Diese Wertschätzungen aber sind das Ergebnis unseres Willens zur Macht, denn auch die moralische Befürwortung oder Ablehnung einer Tat ist ein Machtanspruch. In dem einer sagt, ich möchte nicht das du das und das tust, so erwartet er, soll es keine leere Floskel bleiben, dass seinem Wunsche entsprochen wird, und stellt damit einen Machtanspruch. [42]) Reicht seine Macht zur Durchsetzung nicht aus, so bedient er sich der Moral, in dem er sagt, "das tut man nicht", um den anderen durch den Hinweis auf das unmoralische Verhalten unter seinen Machtanspruch zu bekommen. Da Moral die geltende Sitte vertritt, stellt er sich unter den Schutz der Masse, weil er nicht in der Lage ist, sein Ego als Individuum zu vertreten.

---

[41] Friedrich Nietzsche, a. a. O. S. 75
[42] Vergl. : Marx Engels I, Fischer Bücherei, Frankfurt / M 1966, S. 71

2.2.1.4 Gut und Böse

"Es handelt sich für mich um den Wert der Moral, es handelt sich in Sonderheit um den Wert des Unegoistischen, der Mitleids -, Selbstverleugnungs-, Selbstopferungs Instinkte, welche gerade Schopenhauer so lange vergoldet, vergöttlicht und verjenseitigt hatte, bis sie ihm schliesslich als die Werte an sich übrigblieben, auf Grund deren er zum Leben, auch zu sich selbst, nein sagte." [43]) Wenn wir Moral aber verstehen als die Differenz zwischen gut und böse, so wie der Metaphysiker sich zur Materie die Antimaterie denkt, die, kommen sie zusammen, sich in das absolute Nichts auflösen, so ist die Existenz des Guten von dem des Bösen abhängig, und das kann nicht ohne das Andere sein. [44]) Der GUTE kann also nur gut sein, wenn er des BÖSEN sicher ist, so wie der Reiche nur reich ist, weil es Arme gibt und umgekehrt. Somit kann Moral nur die Summe sein allen Guten und Bö-

---

[43] Maria Sils, Oberengadin 1887 über Schopenhauers Werk
[44] Vergl.: Maharishi Mahesh Yogi, Normendruck und Verlagsgesellschaft, Stuttgart 1969, S. 247ff

sen, und Moral ist die Summe aus beidem. (siehe Versuch einer Definition).

Sind aber gut und böse sozusagen Zutaten der Moral, so müssen wir die alte Bewertung, gut sei moralisch und schlecht sei unmoralisch, beiseite schieben und uns fragen, ob unser bisheriges moralisches Verhalten nicht böse oder schlecht ist. Unser menschliches und "ach so moralisches Verhalten" hat uns an den Rand des weltweiten atomaren Holocaust gebracht, und die moralischen Menschen warnen vor der Katastrophe. Aber schwingt da nicht Eigeninteresse mit, Angst?, und gleichzeitig die Überheblichkeit, dass mit dem Untergang der Menschheit die Welt zusammenbräche? Niemand kann mit Bestimmtheit sagen, ob nicht danach eine wichtigere oder würdigere oder verdientere Lebensform nachfolgt!

Dieses provokante Denkspiel soll auf die Möglichkeit verweisen, die Dinge der Moralität in beide Richtungen zu denken und Moral als Möglichkeit OHNE Wertung zu verstehen. Das Problem des Wertes der Moral und damit vermeintlich Mitleid etc. ist ein zweischneidiges Schwert, das es gilt auf beiden Seiten zu untersuchen, auf der Seite auf der es geführt wird, und auf der, mit der es droht.

Moral der Definition ist wohl gesellschaftlich notwendig (s.o.), aber es bedarf einer ständigen Überprüfung der Werte der Moral bzw. der Wertsetzungen der Moral, denn Moral per se ist wertfrei, es sei denn, Moral wird zum Dogma. Bisher nahm man den Wert der Moral als gegeben an, und diese Vorgabe war positiv belegt. Niemandem wäre in den Sinn gekommen, das Böse als höherwertiger denn das Gute anzusehen im Sinne der Förderung, Nützlichkeit, des Vorteils [45]) im Hinblick auf den Menschen und seine Zukunft. Doch zwei Fragen drängen sich auf: Was, wenn das Gegenteil die Wahrheit wäre und was, wenn im Erhalt des Menschen, das Böse läge?

Ein Beispiel: Die ständig wachsende Erdbevölkerung und deren Versorgung bedroht zunehmend das ökologische Gleichgewicht der Erde. Alle natürlichen und unnatürlichen Möglichkeiten der Reduzierung der Menschheit auf ein natürliches, sprich ökologisch

---

[45] Maria Sils, a.a.O. S. 285

sinnvolles Mass, wie Seuchen, Kriege, Hungerkatastrophen und Schwangerschaftsschutz/-abbruch, werden als Böse verdammt, und so ist das vermeintlich Gute das Gift mit dem die Gegenwart auf Kosten der Zukunft lebt. Es wäre mir ein gar zu zynisches Vergnügen, wenn die Moral daran schuld wäre, wenn eine an sich höchste Mächtigkeit und Pracht der Gattung Mensch niemals erreicht würde. Die Moral als Gefahr der Gefahren.

2.2.4.2. Moral als theoretisches Modell

Seit Aristoteles versuchen die Philosophen und Sozialwissenschaftler aller Bereiche eine Theorie der Moral aufzustellen, sie begrifflich zu fassen und zu definieren. Dabei gingen die meisten davon aus, dass der Mensch ein moralisches Wesen ist, oder dass die Gesellschaft moralisch aufgebaut ist. Während Aristoteles die Moral noch schicksalhaft von der Natur ableitete, ging Durkheimer davon aus, dass jede Gesellschaft moralisch sei, also nach bestimmten Regeln ablaufe. Gesellschaft bedingt nach Durkheimer auch

Moral, unabhängig welche Werte diese Moral beinhaltet. NORM-SANKTION und HERRSCHAFT ist sein Ansatz die gesellschaftliche Moral zu erklären.

Basierend auf Durckheim und Parson sieht Dahrendorf Moral als die Normenwahl einer Gesellschaft, um ihren Mitgliedern die Sicherheit Ihrer Erwartungen zu garantieren. "Die Verbindlichkeit dieser Erwartungen oder Normen beruht auf der Wirkung von Sanktionen, d. h. von Belohnungen und Bestrafungen für konformes oder abweichendes Verhalten." [46]) Aus der Durchsetzung von Sanktionen, unabhängig ob sie positiv oder negativ sind, ergibt sich für ihn zwingend, dass es Unterschiede im Rang der Gesellschaftsmitglieder geben muss. [47])

Soziale Schichtung ist also das Ergebnis sozialen Verhaltens, bewirkt durch positive und/oder negative Sanktionen, die als Steuerungselemente der äusseren Moral angesehen werden können. Damit ist die äussere Moral als Machtinstrument der Führungsschicht

---

[46] Ralf Dahrendorf, J.G.B. Mohr Verlag, Tübingen 1966, S. 23
[47] ebenda ff

entlarvt.

2.2.4.3 Die Reproduktion der Moral

Es ergibt sich also ein Gesellschaftsbild, in dem nur der die günstigste Position erreicht, der sich am besten an die gegebene Moral anpasst oder dies vortäuscht und umgekehrt ist die Moral an der Oberschicht ablesbar. Die Unterschicht, die sich keiner günstigen Position erfreut, strebt nach einem Moralgefüge, also nach Normen, welche für sie günstiger sind. Dieser revolutionäre Stachel im sozialen Gefüge hält den Wunsch auf Änderung in der Gesellschaft wach und verhindert somit statische Gesellschaftsstrukturen. Die Differenz zwischen innerer und äusserer Moral ist das Antriebsmoment einer geschichtlichen und evolutionären Entwicklung in einem Sozialgefüge.

"Man fördert sein ICH stets auf Kosten des Anderen (...). Leben lebt immer auf Kosten anderen Lebens (...)." [48]) In einer Gesellschaft, die moralisch ist, und

---

[48] Friedrich Nietzsche, a.a.O.

jede Gesellschaft ist moralisch (s.o.), profitieren immer die Einen auf Kosten der Anderen. Da aber jede Sozialstruktur das beschriebene Konfliktpotential in sich trägt, kann eine Gesellschaft der Gleichen nur eine unmoralische Gesellschaft sein.

Sind also die herrschenden Normen an der Oberschicht ablesbar, so heisst das, dass Ansehen, Macht und Reichtum Massstäbe sind, an denen Normenkonformität als Mass der Anpassung, abzulesen ist. Die Interpretation dieser Messbarkeit ist in der Familie begründet, die als Keimzelle der Gesellschaft die Moral anerzieht. Die Sanktionierung durch die herrschende Schicht einer Gesellschaft, mittels der Moral, kann also nur dann greifen, wenn die reproduzierten Gesellschaftsmitglieder, also die Kinder, in der Weise konditioniert werden, dass sie die Moral als für sich relevant akzeptieren, d.h. "wenn sie wollen, was sie sollen." Insofern ist die Moral das Regelwerk, was in den Köpfen der Individuen durch Sozialisation entsteht und verankert wird, und das von Generation zu Generation reproduziert wird.

Es gibt theoretisch eine unendlich grosse Zahl von moralischen Werten, die das Leben einer Gesellschaft regeln können, aber unter all diesen Möglichkeiten wählt eine Gesellschaft aus. Diese Auswahl ist geltende Moral. Da die geltenden Normen aber an der Oberschicht ablesbar sind, zeigen die tagespolitischen Ereignisse der letzten Monate, dass zwischen den Normen der Oberschicht und der Unterschicht eine Diskrepanz besteht, die das Bevorstehen eines gesellschaftlichen Umschwungs insistieren.

2.2.4.4 Praktizierte Moral und Heuchelei

Die gesellschaftliche Funktion der Moral ist in erster Linie die Regelung von Macht und Sexualität, die neben reinen Lebenserhaltungsfunktionen wie atmen etc. die stärksten individuellen Triebe darstellen. Die revolutionäre Bewegung der Arbeiterklasse war folgerichtig mit libertinistischen Bestrebungen verknüpft. Die Ablehnung der neuen herrschenden Schicht des Grossbürgertums war erst perfekt mit einer Ablehnung seiner repressiven sittlichen Ordnung. Es gibt einen psychologischen Zusammenhang zwischen dem Besitzstreben und der Pflicht zur unbedingten Treue. Der Besitzbürger wacht eifersüchtig über den Ehepartner. Er sieht, nach Marx, in ihm ein blosses Produktionsinstrument, [49]) das er sich von niemandem vergesellschaften lassen will. Moral ist also ein Mittel der Herrschaft. Dabei lassen sich die hohen sittlichen Ideale zum Zwecke des Herrschens nicht einfach instrumental gebrauchen. Das hat auch Marx nicht behauptet, Die "herrschenden Gedanken" sind ihm sogar "nicht weiter als der ideelle Ausdruck der herrschenden materiellen Verhältnisse, (...) [50]). Die Lust am Herrschen, diese merkwürdige körperlich kaum zu lokalisierende Lust, ist blosse Ersatzlust für jeden, der selber im Glauben an die herrschenden moralischen Werte sich ursprünglichere Lüste versagt. So wird auch der Herrschende zu einem Opfer der herrschenden Moral, freilich kaum je im selben Grad wie die,

---

[49] Vergl.: Karl Marx, Auswahl von Franz Borkenau, Fischer Bücherei Frankfurt/m 1956, S. 113
[50] Karl Marx, a.a.O., S. 69

die von ihm abhängen.

Nun ist es eine Tendenz unserer Konkurrenzgesellschaft voller Einzellebewesen die sozialen Schichten einander anzugleichen nach den Verhaltensmustern der bürgerlichen Mittelschicht. Die moralisch völlig homogene Gesellschaft sähe dann aber nicht so aus, dass alle nach dem gleichen sittlichen Ideal strebten, sondern so, dass im Konkurrenzkampf ein jeder jeden nach dem gleichen Massstab moralisch beurteilte und dabei nach Kräften verurteilte, ihn also madig machte, um ihn als Konkurrenten auszuschalten.

War ehedem die herrschende Moral ein Zuchtmittel in der Hand der Herrschenden, die sich selber nicht an sie hielten, so wird sie im reinen Konkurrenzsinn zum Instrument des Kampfes aller gegen alle, [51]) wobei die feudale Überzeugung, dass die Moral nur für das niedere Volk sei, sich noch selber demokratisiert. Die

---

[51] Anm.: Hier wird der Bogen gespannt zu Hobbes Leviathan. Die Urgesellschaft, die Hobbes durch den Staat, den übermächtigen Leviathan, überwunden glaubte, wird in unserer Marktverkehrsgesellschaft der atomisierten Einzellebewesen schlimmer denn je wieder hergestellt. Der Kampf jeder gegen jeden, nur das die Moral jetzt eine saubere Verpackung liefert, um diesen Kampf nicht offen und blutig führen zu müssen, sondern unehrlich und leise.

Moral wird am Ende Moral für die anderen. Du sollst dich nicht erwischen lassen, wird zum 11. Gebot.

Die Kluft zwischen geforderter Moral und gelebter Moral vertieft sich noch derart, wie die moralischen Stände für jedermann verbindlich werden und ein einheitliches Etwas sich herstellt. Die moralische Kluft zwischen den Ständen wird überwunden durch die Vertiefung des Widerspruchs zwischen moralischem Urteil und moralischem Leben. In dem Masse wie sich das moralische Urteil erhöht, stürzt sie den Urteilenden in die gesellschaftliche Tiefe, wenn man ihn bei seinen eigenen Ausschweifungen ergreift.

Die soziale Deklassierung des Beurteilten ist eine Konsequenz des Schuldgedankens des Strafrechts. Die vertrauliche Empfehlung sich nicht erwischen zu lassen, eine weitere. Die aus Gefängnissen und Zuchthäusern entlassenen fallen ins Souterrain der Gesellschaft; es sei denn, sie wären finanziell so gut gestellt, dass ihr Ansehen die juristische Deklassierung wieder auffängt.

Der allgemeine Widerspruch, zwischen dem, was man

die moralische Überzeugung der Leute nennt, und dem was sie wirklich leben, ist die effektive Heuchelei, die eine Moral charakterisiert. Die Heuchelei des Einzelnen ist nur ein Akt der Selbsterhaltung, wo die Moral den Menschen überfordert. Gesellschaftlich ist die moralische Heuchelei ihrer Mitglieder ein Indiz für die Unsinnigkeit der in ihr geltenden sittlichen Normen. Wenn es schon nicht richtig ist, das gelebte Ethos einfach als das ethisch Sinnvolle auszugeben, dann ist es ganz und gar abwegig, die moralische Überzeugung der Leute mit ihrem moralischen Niveau gleichzusetzen. Es kann durchaus sein, dass die ausgesprochenen moralischen Vorbehalte in einer Gesellschaft zunehmen, ohne dass ihr moralisches Potential steigt, denn diese Zunahme kann ein Mehr an Heuchelei sein. Wer sich nicht durch Jugend hervorheben kann, versucht als Lebemann zu glänzen oder umgekehrt.

3.0 Sucht und Moral.
Sozialisierte Verhaltensmuster

Jedes Lebewesen das in einer Gesellschaft lebt, ist also moralisch. Jede Gesellschaft ist moralisch. Selbst wenn wir uns den schlechtesten Menschen dächten (mit Ausnahme einiger möglicher pathologischer Fälle), so wäre er noch moralisch, man denke nur an die >Gaunerehre<. Genau wie jedes Individuum Luft braucht zum Atmen, so benötigt es auch Moral, um gesellschaftlich zu leben. In beiden Fällen kann man über die Qualität streiten, über ihre Zusammensetzung, nicht jedoch über ihre Notwendigkeit bzw. ihr unabdingbares Vorhandensein.

Moral sind die Normen, die die Gesellschaft erschaffen, aber die Gesellschaft formt auch ihre Normen. Moral hat also nichts dogmatisches, sondern ist ein immerwährender Prozess. Eingriffe in diesen Bereich sind ein Mittel der Mächtigen, ihre Privilegien zu festigen, ebenso wie er die Möglichkeit sichert, diese Privilegien zu beschneiden. "Man kann nichts

Falscheres tun, als sich von den Tatsachen die Normen diktieren zu lassen." [52])

3.1 Abkehr vom Dogma des Suchtkranken

Gleichgültig ob stoffgebunden oder nicht, die Suchtmuster des Süchtigen sind die gleichen, nur die Rituale der (Ein-)nahme sind andere, die gesellschaftliche Anerkennung differiert, aber in jedem Fall benutzt der Süchtige das Mittel um sich anzumachen, das heisst, um bestimmte Gefühle nicht zuzulassen, um bestimmte Gefühle nicht aushalten zu müssen.

Ein Arbeitssüchtiger (Workaholic) der zusätzlich noch im Konsumrausch lebt (Konsumsucht) ist ein angesehenes Gesellschaftsmitglied, das Geschafft hat. Seine äusseren Konsummerkmale zeigen, da meist werbungskonform, dass es als Individuum erfolgreich ist; er zeigt durch seine Lebensweise seine Normenkonformität und erhält positive Rückmeldungen. Dieses süchtige Verhalten ist moralisch. In so einem Falle ist es völlig überflüssig, seine geistigen Werte zu

---

[52] Karl Marx, a.a.O., S. 69

überprüfen, ob er auch nur einen einzigen Gedanken an die Gesellschaft oder seine näheren Mitmenschen verschwendet hat, und ob er das Gebot unseres Grundgesetzes, Grundlage bundesdeutscher Moral, Eigentum verpflichtet, beachtet hat. Im Gegenteil, als erfolgreiches Einzelwesen werden Skrupellosigkeit, Ellenbogenmoral und die Kriminalität der weissen Weste sogar als Statussymbole publiziert. Ein reicher, ein erfolgreicher Mensch, muss kein Gesellschaftswesen sein, das Bild des Grossschmarotzers wird zum Helden idealisiert, jede Egozentrik als ausgefallener Individualismus bejubelt. Kein Wunder wenn derlei Moral die Grundlage ideeller Werte zerstört, die sich nicht an Besitz oder Mode orientieren. Dass dieser Mensch all die Macht, das Geld, den Einfluss und den Besitz nur benötigt um sich zuzumachen, soll heissen, um Gefühle nicht an sich heranzulassen, weil er eben diese gar nicht aushielte, ist in diesem Falle im gesellschaftlichen Kontext von keiner Relevanz.

Ganz anders der Politoxikomane, der aus den gleichen Beweggründen Heroin nimmt, vielleicht noch ein paar ärztlich verordnete Pillen und ab und an ein wenig Koks. Beide haben das gleiche Problem, sie können bestimmte Gefühle nicht aushalten, Probleme nicht durchstehen, Gefühle nicht erleben. Es ist eine Form von Angst. Der Politoxikomane wird aber gesellschaftlich nicht anerkannt, sondern verdammt, weil er wegen seiner Sucht auf Kosten anderer lebt, weil er sich offensichtlich anders verhält, weil er nicht gesellschaftskonform ist, und so wird er sanktioniert. Hier misst Gesellschaft das gleiche Phänomen, nämlich gesellschaftsschädliches Verhalten mit verschiedenerlei Mass.

3.1.1 Was ist ein Kranker in Bezug auf Sucht

Ein Kranker in Bezug auf Sucht ist ein Gesellschaftskranker. Was heisst das? Der Süchtige, unabhängig welcher Sucht er frönt, hat im Laufe seiner Sozialisation Kulturtechniken erlernt, sei es durch Erziehung oder durch Erfahrung, die mit der geltenden Gesell-

schaftsmoral in irgend einer Weise nicht vereinbar ist. Und er hat nicht die Kraft oder Fähigkeit erlernt, den Bruch zwischen innerer und äusserer Moral zu kompensieren bzw. zu akzeptieren. Die körpereigene Belohnung aufgrund von Erfolgen durch Leistung, die Anerkennung durch Endorphine bleibt aus. Ein Mensch aber, der ohne Anerkennung leben muss verkümmert. Er wird psychisch krank, das heisst in erster Linie für andere Auffällig. Er hat um seine Situation zu ändern drei Möglichkeiten.
- 1. Rückzug in die innere Immigration mit Symptomen psychischer Krankheiten. (Anerkennung durch Mitleid)
- 2. Beginn krimineller Aktivitäten. (Anerkennung durch Geldmacht)
- 3: Einnahme von Drogen. (Anerkennung durch Illusion).

Dabei treten diese drei Formen fast nie einzeln, sondern meist in verschiedenen Kombinationen miteinander oder nacheinander auf, da alle drei nur verschiedene Ausdrucksformen des gleichen Phänomens sind:

Mangelnde Anerkennung und der ungeeignete Versuch diese auf gesellschaftlich nicht akzeptierte Art und Weise doch noch zu erlangen.

3.1.2 Was ist ein Kranker in Bezug auf Moral

Ein Kranker in Bezug auf Sucht ist auch ein Gesellschaftskranker, so dass nur zu sagen bleibt, siehe oben. Hat das Individuum in seinem Sozialisierungsprozess nicht erlernt, mit der geltenden Moral umzugehen, ihre Einsichten zu erlangen und zu wollen was es soll, ist aber gleichzeitig zu schwach um Kräfte zu vereinen, die geltende Moral im eigenen Sinne zu beeinflussen, so wird es krank, denn die geltende Moral definiert die Krankheit. So wird der Griff zur Droge ein missglückter Selbstheilungsversuch, der schon deshalb missglücken muss, weil die geltende Moral nicht nur psychische Krankheit, sondern auch deren Heilung definiert. Und Heilung lässt die Gesellschaft nur dann zu, wenn auch die dazu notwendigen Drogen von ihr anerkannt sind und das kranke Individuum bereit ist zu gesunden, sprich sich anzupassen. [53])

3.2 Gesamtsuchtmodell:
Sucht als Verhaltensweise

Eine provokante These zur Einleitung: Der Suchtpotentialunterschied zwischen Alkohol und Heroin liegt in der gesellschaftlichen Toleranz in Bezug auf das Suchtmittel und nicht in der Potenz des Suchtmittels an und für sich. Je höher die Akzeptanz einer Droge in der Gesellschaft desto schwerer bzw. schwieriger ist der Entzug von der jeweiligen Droge, dafür ist die Beschaffung einfach und die Ausschliessung aus der Gemeinschaft erfolgt spät oder nie.

Ich bin davon überzeugt, dass die Gründe, aus denen Menschen zu psychoaktiven Substanzen greifen, so vielfältig sind, wie die Menschen selbst. Sie konsumieren Substanzen, um einen Zustand des Körpers zu verändern, immer aber sind es gesellschaftlich bedingte Gründe.

---

[53] Vergl.: Thomas S. Szasz, a.a.O. S. 155 ff

= Weil sie sich wohl fühlen wollen..................
(mit Kerzenlicht, wohliger Temperatur, genau wie mit Musik, Tee oder Haschisch)

= Weil sie abschalten wollen..........................
(mit einem heissen Bad und ätherischen Dämpfen, sowie mit Barbituraten)

= Weil sie ihre Leistung steigern wollen.........
(mit Aufputschmitteln, Koffein, Nikotin, Kokain oder aber Schlafentzug, körperlichem Training etc.)

= Weil sie etwas ertragen wollen/müssen.......
(mit Alkohol, fernsehen, Heroin, Barbituraten oder Melisse

= Weil sie ihre Schmerzen lindern wollen......
(mit Morphium, Schmerzmitteln, Alkohol, Wärme oder auch Tee)

= Weil sie neue Erfahrungen machen wollen ....
(mit LSD, über die eigene Person; mit Reisen über andere Länder und Kulturen; mit Sport über ein neues Körpergefühl).

Es gibt sicherlich noch mehr Gründe, die zum Drogenkonsum führen; es sind aber die selben Gründe, die ebenso zu anderen Handlungsweisen führen. Was kann demnach mit Suchttheorien erreicht werden, wie können sie so zur Abschaffung der Ursachen führen? Bei der eben aufgeführten Anzahl von Beweggründen wäre eine Ursachenbekämpfung sinnlos, wenn nicht sogar unmöglich. Oder soll eine durch zugeführte Substanzen erzeugte Wahrnehmungsveränderung verhindert werden? In diesem Falle erscheint mir die Unterscheidung zwischen den körpereigenen Drogenerfahrungen und denen, die von aussen ermöglicht wurden, unerklärbar und zutiefst moralisch oder aber soll den Menschen die Schwierigkeiten mit ihrem Drogenkonsum haben, geholfen werden? Gegen Hilfe an sich habe ich nichts einzuwenden, wohl aber wenn die Personen nicht selbst bestimmen können, wann ihnen der Konsum Schwierigkeiten bereitet. Die Illegalität einiger Substanzen nimmt vielen diese Entscheidung ab, da durch die Illegalität Schwierigkeiten zu erwarten sind. Andere werden nicht nach ihrer Problematik befragt sondern als hilfsbedürftig betitelt und zwangstherapiert.

Sucht als psychische Abhängigkeit, als psychischen Zwang etwas ausüben impliziert meiner Ansicht nach die Willenlosigkeit dieser Menschen. Ich denke nicht, dass der Mensch willenlos sein kann. Der Wille als "Fähigkeit der Entscheidung Handlungen auf Grund bewusster Motive oder Beweggründe [54]) ist immer vorhanden, wenn der Mensch nicht gerade schläft, betäubt ist oder aus dem Unterbewusstsein handelt. Konsum von Substanzen gehört für mich in keine dieser Kategorien. Ich gehe daher davon aus, dass jeder Mensch Handlungsspielräume (und seien sie noch so klein) und damit Möglichkeiten zur Entscheidungsfreiheit hat. Für meine Haltung in der Praxis bedeutet

---

[54] DTV Lexikon 1995, S. 91 ff

dies, dass ich keine willenlosen, der Droge zum Opfer gewordene Menschen vor mir sehe, sondern Menschen, die gelegentlich bestimmte Substanzen konsumieren (Substanzen die heute verboten sind), die kontrolliert jene Stoffe zu sich nehmen, oder Menschen, die vermeintlich körperliche Abhängigkeit mit diesem Substanzen verbindet. Daneben berate ich Menschen, die Schwierigkeiten mit dem Konsum dieser Stoffe haben. Dabei lassen sich die meisten dieser Schwierigkeiten auf die Illegalität der Substanzen mit ihren Folgen für die Konsumenten zurückzuführen. [55])
Jene sind Menschen, die meiner Ansicht nach unter legalen Bedingungen kontrolliert und gesund konsumieren könnten. Sie wissen, was das Drogenhilfssystem von Ihnen hören will, damit sie Hilfe bekommen und so sprechen auch sie von Stigmen wie "Suchtpersönlichkeit, Suchtverlagerung und Einmal süchtig, immer süchtig."

---

[55] Anm.: Ich möchte sogar rein hypothetisch behaupten, dass mit der absoluten Freigabe der illegalen Drogen, diese an Interesse für die Konsumenten verlieren würden, weil sie ihr Protestpotential verlören. Wie anders ist es sonst zu erklären, das kostenlos zu beschaffende Drogen wie Amaris, Bilsenkraut, Muskat, Tollkirsche, und viele andere die legal sind, de facto nicht genutzt werden?

Ich nehme den Wunsch und die Entscheidung der Menschen, die von mir beraten werden, ernst. Ich lege ihnen ihre Möglichkeiten und Handlungsspielräume dar und helfe ihnen mit Informationen eine Entscheidung zu fällen. Ich bin behilflich bei der Durchsetzung Ihrer Perspektiven, auch wenn diese in meinen Augen schädlich etc. sind. Entgegen vielen Praktikern, auch im akzeptierten Drogenhilfebereich, bin ich der Meinung, dass jeder Mensch die Entscheidung darüber, welche mehr oder weniger anerkannte Droge er konsumieren möchte, die eigene Entscheidung bleiben sollte. Akzeptanz bedeutet für mich nicht, Akzeptanz ohne den Ausstieg aus dem Drogenkonsum als langfristig angelegtes Ziel aus den Augen zu verlieren, sondern um die Person als eigenständigen Menschen zu respektieren. Diesen Respekt sollen auch Menschen bekommen, die entscheiden, sich Selbst zu gefährden, wie dies im Bereich des Selbstmordes gegeben ist. Dabei meine ich nicht, wie dieser Arbeit hoffentlich zu entnehmen war, dass die Entscheidung zum Konsum eine Gefährdung bedeutet, aber dass zum Beispiel die Wahl eines risikoreichen Konsums eine Gefährdung enthält.

3.2.1 Stoffgebundene und stoffungebundene Sucht?

Auch wenn die Überschrift einen anderen Schluss intendiert, die Suchtmuster sind die gleichen, nur die Rituale der Einnahme sind andere, die gesellschaftliche Anerkennung differiert, aber in jedem Falle benutzt der Süchtige das Mittel um sich zuzumachen, das heisst um bestimmte Gefühle nicht aushalten zu müssen.

Es kann doch egal sein, ob das Phänomen süchtiges Verhalten bei einem 30 Kilometer Marathon auftritt, um die Endorphine zu aktivieren, oder ob dasselbe Verhalten mit Kokain quittiert wird. Die Sucht ist ein sozialisiertes Verhalten, und damit ist es gleichgültig wie der Stoff und welcher Stoff die Rezeptoren erreicht um das Leben nicht wahrnehmen zu müssen.

Warum ist der Endorphinstoss eines Spielers stoffungebunden, der Kokainstoss des Pushers nicht?

3.2.2 Warum kann Gesellschaft nur dann Normabweichler aushalten, wenn sie als krank definiert werden?

Krankheit war in den Köpfen der Menschen schon immer etwas unausweichliches, unabänderliches, wie der Gang der Gestirne. Erst in neuerer Zeit haben medizinische Forschung und Technik so bedeutende Erfolge errungen, dass Gesundheit ein zwar teures aber bezahlbares Gut wurde. Körperliche Gesundheit wurde zur käuflichen Ware. Haben die Mediziner zuerst nur den tödlichen und schmerzhaften Krankheiten den Kampf angesagt, so wurde zunehmend alles das zur Krankheit erklärt und behandelt, was einer gedachten Norm widersprach. In den Köpfen der Mediziner und der Medizinindustrie galt all das als krank, was aus der grossen Masse der (Norm-Menschen) normalen Menschen herausfiel. In langen Untersuchungsreihen und langen Doktorarbeiten übertrafen sich Medizinwissenschaftler, Abweichungen von der Normalität zu entdecken und als Krankheiten zu beschreiben und zu definieren.

Da konnte es nicht lange dauern, dass auch das menschliche Verhalten auf abnormes Verhalten überprüft wurde. Freud, der Begründer der Psychoanalyse war nicht nur der Entdecker der klinisch behandelbaren Seele, sondern er war auch der Begründer der Normierung der Seele, in dem er seelische Krankheiten (er-)fand. [56]

In dem wir Menschen vom Baume der Erkenntnis, oder besser gesagt vom Baume der Norm assen, haben wir die Freude an der Vielfältigkeit menschlicher

---

[56] Anm.: Der Klient mit einem psychischen Problem hat nicht mit sich ein Problem, sondern mit der Beurteilung seiner Verhaltensweise durch sein umgebendes Umfeld. Deshalb gibt es auch grundlegend immer zwei mögliche Heilungsmodelle, den Rückzug in eine Subkultur bzw. ein kulturelles Umfeld das der Krankheitfi des Klienten entspricht, um seine Normalität zu erleben und zu erlangen, oder durch eine psychisch verändernde Therapie seine Verhaltensweisen an die gegebene Norm anzupassen. Hier kann man den Bogen wieder zu Abschnitt 2.2.2 Innere und äussere Moral, schließen und eine Verbindung schaffen zu der später noch aufzugreifende Problematik der Einebnung verschiedener Gesellschaftsformen und damit auch verschiedener Moralen unter das Joch der sogenannten westlichen Kultur. Auch die Arroganz einer herrschenden Clique, für alle Menschen gleiche Menschenrechte zu definieren (Alle sind gleich, nur manche sind Gleicher), und diese zu benützen, um eigene Wertvorstellungen weltweit zu verbreiten und als Machtmittel zur Unterdrückung einzusetzen, ist mit, die Grundlage, für das Aussteigen von süchtigem Verhalten (passiver Widerstand) bzw., kriminellen Verhalten (aktiver Widerstand).

Existenzformen verloren, ja viel mehr, wir sind nicht mehr in der Lage Andersartigkeit auszuhalten, wir versuchen alles Andersartige zu korrigieren oder zu vernichten. Da wir jedoch Kulturmenschen sind, wird das Andersartige nicht zerstört oder interessiert begutachtet, sondern es wird korrigiert (normalisiert, angepasst) d. h. als krank eingestuft und dann mit allen Mitteln gesundet, sprich in das vermeintlich richtige Mass gezwängt.

Doch mir der Anpassung des Menschen in seiner Körperlichkeit (Medizin) und seines seelischen Befindens (Psychiatrie) ist noch lange nicht alles getan. Wir sind mitten in dem letzten und umwälzendsten Prozess, den die Menschheit je erlebt hat. Aufbauend auf Medizin und Psychiatrie/ Psychologie wird jetzt die Struktur der Gesellschaft auf Normalität untersucht, und ein Heer von Soziologen und Psychologen schickt sich an, Gesellschaften auf Normalität zu prüfen, wieder in lagen Untersuchungsreihen und in langen Doktorarbeiten, und ein Heer von Politikern wird diese Normalität durchzusetzen versuchen. Wir werden sehen, ob diese kranke Weltgesundheit auf dem Weg zum Norm-Welt-Bürger diese Welt überlebt. [57])

---

[57] Anm.: Ich will ein provokatives Beispiel bilden, um klarzumachen worum es geht. Da wird von einigen hundert Menschen in der mächtigen, weltweiten Führungsclique eine Menschenrechtserklärung zusammengestellt, die für alle Menschen gültig sein soll. Macht man sich klar, was das wirklich heißt, so ist das die Einmischung einer mächtigen Staatengemeinschaft und deren Vordenker, verbrämt mit christlicher Ideologie die als Muster allen anderen möglichen und vorhandenen Moralformen übergestülpt werden. Hier erstarrt ein vermeintlich >guter< Ansatz in einem bizarren Dogma, der jede Entwicklung in eine andere Richtung blockiert. Aus diesem Holz wurden schon die frühen Religionskriege geschnitzt.

Zum Beispiel schickt sich die Menschenrechtskommission an, Kinderarbeit in z.Bsp. Thailand zu verbieten. Mit diesem hohen Anspruch wird versucht die Kultur Thailands, in eine weltweite Moral zu zwängen. Da dieses Land im Weltvergleich arm ist, kann es diesem moralischen Anspruch nicht nachkommen, zumal es von den Moralwächtern noch kräftig ausgebeutet wird. Wir nötigen diesem Land nun Geldmittel auf, damit es unserer Normalitätsvorgabe nachkommt/ nachkommen kann. Die Armen unserer eigenen Länder mit dem Moralanspruch >keine Kinderarbeit< wird dieses Geld weggenommen, beide Eltern müssen deshalb arbeiten und unseren eigenen Kindern nehmen wir die Zeit, in unserer Umwelt zurecht zu kommen.

Was heißt das?? Jede Kulturform muss seine eigenen Regeln haben dürfen, wir müssen nur aushalten lernen, was die andere Kulturform für richtig erachtet, zumal es uns nichts angeht. Warum wollen wir denen unseren Gott aufschwatzen, wir wollen doch auch nicht ihren Buddha!

3.2.3 Einige Gedanken zur niederschwelligen Drogenarbeit

Es ist durchaus akzeptabel, die Einnahme von illegalen Drogen den Menschen zu erlauben, die es als ihre Kulturform, ihren Ansatz zur Bewältigung ihrer Probleme ansehen. Diese Kulturform muss dann aber auch bereit sein, sich aus sich Selbst zu finanzieren und das resultierende Elend zu ertragen. Die sogenannte normale Gesellschaft muss dafür Freiräume schaffen. So wie die Religion ihre Kirchen und Zentren hat, in denen sie ihre Rituale ungestört abhalten können, so sollten auch Drogensüchtige ihre Plätze in der Gemeinschaft erhalten, die wir Staat nennen. Die Drogenkultur sollte also ihre Kultur finanzieren, die Anderen ihre Kultur aushalten, und wenn eine Gruppe in den Bereich der anderen eintritt, haben sie sich gegenseitig zu akzeptieren und auszuhalten.

Ich habe natürlich auch kein Patentrezept, aber ich habe Fragen, Fragen die wir, und damit meine ich alle Menschen dieser Gesellschaft, möglichst bald lösen müssen. Warum hat der Biertrinker mit seiner Sucht ein Recht auf das Deutsche Reinheitsgebot, der Kokainist aber nicht? Warum ist der Trinker, der seine Arbeit macht und nicht auffällt mehr wert als der Pusher der das gleiche tut? Warum kann das Rauchen einer Haschisch-Zigarette Gefängnis bringen, das Rauchen einer ganzen Schachtel Tabak-Zigaretten, das nachweislich um ein mehrfaches schädlicher ist, aber bleibt straffrei?

In der amerikanischen Prohibition haben wir gesehen wohin es führt, wenn die Gesellschaft den Menschen die Sucht verbieten will, die sie vorher durch Fehlentscheidungen selber ausgelöst hat.

Es ist an der Zeit darüber nachzudenken wie die Gesellschaft so umzubauen ist, dass Menschen Drogen allenfalls gelegentlich zur Freude oder bei körperlichen Krankheiten einnehmen wollen, sie aber zum Überleben, nicht mehr brauchen.

3.3 Der Zwang zur Normalität

Der Zwang zur Normalität begann mit dem christlichen Verbot des Kannibalismus und endet mit der weltweiten Angleichung der Rechtssysteme unter eine spezifisch christlich begründete Moralethik. Die schlimmste Unfreiheit ist die moralische Freiheit, die schlimmste Uniform ist die Nonkonformisten Uniform. Äussert ein Mensch eine nicht opportune Meinung, so hat er schwerste Sanktionen zu erwarten, wenn diese nicht der Gesellschaftsmoral entsprechen, das reicht von Ächtung, über Entlassung bis zur Inhaftierung.

3.3.1 Die Folgen weltweiter Moralnormisierung

Zuverlässigkeit, Respekt und Verständnis von Seiten der Eltern wecken im Kind langfristig ein Gefühl der Geborgenheit, des Selbstwertes und der Zusammengehörigkeit. Diese erfahrenen Wertschätzungen sind der Grundstock eines sich entwickelnden Moralgefühls, das auf die erziehende Gruppe reflektiert wird. Ob die

Übertragung dieser Gefühle auf die Gesellschaft als Ganzes durch die Eltern/Familie geleistet werden kann, bezweifle ich, da die Gesellschaft als Ganzes zu gross und unübersichtlich geworden ist, um ihr Gefühle entgegenzubringen.

Die Auflösung überschaulicher Regionalitäten in immer grössere Organisationsgebilde und deren Vereinheitlichung nimmt den Menschen das Zugehörigkeitsgefühl zu seiner Gesellschaft und lässt ihn in Subkulturen flüchten.

Auch dürfte die Vermittlung von Wertschätzungen durch die Gesellschaft auf den Einzelnen unmöglich sein, da die von den meisten Theoretikern beschworene Gleichheit als Sozialisierungsgrundlage für eine `höhere´ Moral nicht gegeben ist (vergl.: Dahrendorf), und damit wird ein Feedback auch nicht zu erwarten sein. Gesellschaft kann in diesem Sinne also immer nur klassen- oder schichtspezifische Teilgesellschaft sein, Subgesellschaft eines gesamtgesellschaftlichen Molochs, in der sich diese oder jene Moral durchsetzt, zumal eine gesamttragende Ethik, in der die Krisen unserer Gesellschaft aufgelöst werden können, nach meiner Auffassung nicht mehr existieren. Deshalb sehe ich in unserer Gesellschaft in der Übergangsphase zur anomischen Gesellschaftsform.

3.3.2 Normen, Sanktionen und Chancen

Ich setze einmal voraus, dass jede Gesellschaft, egal welcher Entwicklungsstufe sie angehört, nach bestimmten Normen lebt, unabhängig von der Bewertung dieser Normen. An Normen wiederum sind Sanktionen geknüpft um deren Einhaltung zu gewährleisten. Ich folge nun im wesentlichen dem Ansatz Dahrendorfs [58]), der aufbauend auf Durkheims These von Norm-Sanktion-Herrschaft, eine Betrachtung der Ungleichheit auf Basis einer naturhaften Ungleichheit nach Aristoteles ausschliesst, da Dahrendorf eine solche Betrachtung als bedenklich ansieht, denn sie müsste in ihrer politischen Konsequenz zu Zukunftslosigkeit und Lethargie führen. Wenn durch die Verschiedenartigkeit von Aussehen, Charakter, Talenten

---

[58] Vergl.: Ralf Dahrendorf, Über den Ursprung der Ungleichheit unter den Menschen, J.G.B Mohr Verlag, Tübingen, 1966

und Kräften die Ungleichheit vorbestimmt wäre, so könnte keine Änderung daran vorgenommen werden. Im übrigen zeigt die Geschichte, dass nicht die Klügsten, Charakterstarken oder Schönsten in den oberen Rängen der Gesellschaften anzutreffen waren und sind.

Von Rousseau, der die Theorie vertrat, alle Menschen seien gleich an Rechten, über Schmoller, der die Ansicht vertrat, der Beruf entscheide über den sozialen Rang eines Menschen, bis hin zu Marx, der die Ungleichheit durch die ungleiche Verteilung von Produktionsmitteln zu erklären versuchte, wurde die Ungleichheit zwischen den Menschen als geschichtliches Phänomen verstanden, das zumindest theoretisch aufhebbar sei. Das hiesse, die Ungleichheit wäre ein Zustand aus dem Gleichgewicht geratenem menschlichen Zusammenseins.

Diese Erklärungen heben aber alle ihre Gegenargumente. Dass nicht alle Menschen von Geburt an gleiche Rechte haben, und wenn Sie sie hätten, sie nicht durchsetzen könnten, ist weltweit in der Tagespolitik verfolgbar. Dass der Beruf nicht allein über den sozialen Rang entscheidet, liegt auf der Hand, denn es gibt genügend gut bezahlte Berufe mit sehr schlechter sozialer Anerkennung. Auch der Marxsche Erklärungsversuch, die Ungleichheit resultiere aus der ungleichen Verteilung der Produktionsmittel ist widerlegt, denn wie sonst könnte es in den sozialistischen Ländern soziale Ungleichheit geben.

Dahrendorf definiert deshalb Moral als die Normenwahl einer Gesellschaft, um ihren Mitgliedern die Sicherheit Ihrer Erwartungen zu garantieren. "Die Verbindlichkeit dieser Erwartungen oder Normen beruht auf der Wirkung von Sanktionen, Belohnungen und Bestrafungen für konformes oder abweichendes Verhalten." Zur Durchsetzung von Sanktionen, unabhängig ob sie positiv oder negativ sind, ergibt sich für ihn zwingend, dass es Unterschiede im Rang der Gesellschaftsmitglieder geben muss.

Soziale Schichtung ist also das Ergebnis sozialen Verhaltens, bewirkt durch positive und/oder negative Sanktionen.

Ungleichheiten sind aber an Stellungen festgemacht, unabhängig davon, wer diese innehat, während Sanktionen scheinbar ein Individualproblem sind. Dieser vermeintliche Widerspruch ist an einem Beispiel zu erklären:

Ist in einer Gesellschaft die Anzahl von Arbeitsplätzen geringer als die Anzahl der Gesellschaftsmitglieder und wird gleichzeitig das Innehaben eines solchen Arbeitsplatzes zur Norm erklärt, so ist es einem Teil der Gesellschaftsmitglieder nicht möglich, diese Norm zu erfüllen. Das vermeintliche Individualproblem ist also an sich ein Normen Problem, und damit wiederum ein kollektives.

Hier ist wieder eine Schnittstelle aufzeigbar. Der Süchtige hat mit seiner erlangten Sozialisation keine Chance die Normen zu erfüllen, die Anerkennung wird ihm versagt, und so flüchtet er auch nach erfolgreichem Entzug in seine Subkultur, in der er, begleitet durch die erneute Einnahme von Drogen, eine Normerfüllung zustande bringt.

Es ergibt sich daraus ein Gesellschaftsbild, welches völlige Gleichheit ausschliesst, und nur derjenige erreicht die günstigste Position, der sich am besten an die Normen anpasst, und umgekehrt sind die Normen, die angestrebt werden, an der Oberschicht ablesbar. Die Unterschicht, die sich keiner günstigen Position erfreut, strebt nach einem Moralgefüge, also nach Normen, welche für sie günstiger sind. Dieser revolutionäre Stachel im sozialen Gefüge hält den Wunsch auf Änderungen in der Gesellschaft wach und verhindert statische Gesellschaftsstrukturen. Somit ist die Ungleichheit das Antriebsmoment einer geschichtlichen und evolutionären Entwicklung in einem jeden Sozialgefüge. Da aber jede Sozialstruktur das beschriebene Konfliktpotential in sich trägt, kann es die Idealgesellschaft der Gleichen nicht geben, und die Moral steuert das Miteinander der Unterschiede.

Sind also die herrschenden Normen an der Oberschicht ablesbar, so heisst das, dass Ansehen, Macht uns Reichtum Massstäbe sind, an denen Normenkonformität, also Anpassung, abzulesen ist. Die Interpretation dieser Messbarkeit ist aber in der Familie begründet, die als Keimzelle der Gesellschaft die Bewertungskriterien anerzieht. Die Sanktionierung durch die herrschende Schicht einer Gesellschaft kann also nur dann greifen, wenn die reproduzierten Gesellschaftsmitglieder, also die Kinder, in der Weise konditioniert werden, dass sie die Sanktionen als für sich relevant akzeptieren, das heisst, `wenn sie wollen, was sie sollen´.

Insofern kann man die Entstehung der Unterschiede in der Gesellschaft daraus herleiten, dass sie in den Köpfen, also im Bewusstsein des Individuums entstehen, bestehen und akzeptiert werden, und von Generation zu Generation reproduziert werden. Das erklärt auch, warum süchtiges Verhalten von Generation zu Generation mehr oder minder stark ausgeprägt weitergegeben wird, wobei die Form der Sucht von Heroinsucht bis Workaholic differieren kann.

4.0 Drogen, Sucht und Rituale

Mensch braucht Rituale. Das Bedürfnis, eine bestimmte Kultur zu schaffen und aufrecht zu erhalten und die Bemühungen, dieses Bedürfnis zu befriedigen, sind bei allen, vom riesigen Kollektiv bis zum Individuum vorhanden. In der Regel bleibt der Charakter und die Signifikanz solcher Symbolik unerkannt, bis jemand die Eigenheiten in Bezug auf Essen, Trinken, Sprechen, und Drogenkonsum mit anderen vergleicht. Die stärkste Bindung in Ritualen zeigt sich in der Familie, zur Arbeit, dann in/zum Wohnort, an die Religion, das Land, den Staat usw.. Durch unsere Staats-, Versorgungs-Normalisierungsstruktur werden die bis dato gültigen Rituale gleichgeschaltet und eingeebnet, die Religion, die derzeit dieses Bedürfnis an Ritualen deckte, verlor an Bedeutung, die Familie wurde durch Arbeitsstrukturen de facto als Institution zerstört und der Mensch sucht sich neue, käufliche Rituale   -Drogen-.

5.0 Verlust der Familienrituale

Der Familienerfolg wird ersetzt durch Einzelerfolg, nur was der Einzelne leistet zählt, ebenso in den Firmen, wo zwar der Teamgeist per Vokabular hochgehalten wird, aber den Erfolg hat der Einzelne. Mensch verliert sich in `Selbstfindung und Selbstverwirklichung´, ohne eine echte Lebenszielsetzung zu erlangen, und so führt seine Egomanie, Ich statt Wir, zur Zerstörung von Familie und Gruppe zu Gunsten des Ichbezogenen Lebens. Nur das beste Einzelwesen erreicht die Norm und damit das Wohlgefühl des Erfolgs. Der Hilfsarbeiter z.B. kann dieses Ideal nie erreichen und damit ist er für Glück im gesellschaftlich definierten Erfolg nicht prädestiniert. Ich will hier die sozialistische Gleichmacherei nicht hochheben, aber der weniger intelligente, oder weniger fähige, der dem Fähigen die Schmutzarbeit abnimmt leistet einen wichtigen Beitrag am Ganzen und der Gesamterfolg ist auch sein Erfolg. Dieses ist jedoch im gesellschaftlichen Zusammenhang nicht klar herausgearbeitet.

Der Einzelne muss wieder lernen, stolz zu sein, an einem Projekt mitgearbeitet zu haben, der Projektleiter, der den Erfolg nach aussen vertritt, muss wieder lernen, dass das ein Projekterfolg war, nicht sein privater. Ähnliches gilt für Familien-, Vereins-, und sonstige Gruppenstrukturen, in denen jeder sein Bestes gibt, nach seiner Leistung entlohnt wird, aber am Erfolg gleichberechtigt beteiligt ist oder sein sollte.

Ein weiterer Punkt ist die geschichtliche Fixierung des Einzellebewesens auf seinen Lebenszeitraum. Dadurch, das jenes selbstverwirklichte Lebewesen nicht in Vergangenheit und Zukunft eingebunden ist, also seine Leistung nur als seinen Besitz ansieht, verrät er seine Vorfahren und koppelt seine Nachfahren von der Entwicklung ab. Nur in einem kontinuierlichem Leistungsstrang, mit Übernahme von Vorleistung und Weitergabe von eigener Leistung als Basis für die nächste Generation, ist der Eigenerfolg als Teil des Gesamterfolgs zu verstehen und auch zu leisten. Und jetzt der Bogen, wer Anerkennung nicht nehmen und geben kann, sucht die Anerkennung im Ersatz, die Droge als Lebensmittelpunkt.

6.0 Abschliessende Betrachtung zum Verhaltenssuchtmodell

Jeder Griff zum Suchtmittel ist letztendlich der Versuch, ein Gefühl zu überdecken, das der Süchtige nicht aushalten kann. Sucht ist nicht abhängig vom Suchtmittel. Es gibt zwar Stoffe, die ein mehr oder weniger hohes Abhängigkeitspotential im Körper erzeugen, aber hier handelt es sich um ein physisches Problem, das kaum die Spiel-, Fress-, Beziehungs- oder sonstige stoffungebundene Süchte erklärt. Stoffe können abhängig machen, aber Sucht ist ein psychisches, kein physisches Problem. Demnach ist Sucht eine gesellschaftlich erlernte Kulturtechnik, die mit der geltenden gesellschaftlichen Moral nicht deckungsgleich ist, und somit zu (fast) unüberwindlichen Korrelationsproblemen führt.

Somit ist der Kreis, **süchtig** (passiver Protest) = psychisch **Krank** (unbewusster Protest) = **kriminell** (aktiver Protest), die Darstellung verschiedener Ausprägungen des gleichen Problems.

Sucht ist also auch das Eingebunden-sein in ein gesamtgesellschaftlich nicht anerkanntes System von Moral und Ritualen, eine Form der Ablehnung dieser Gesellschaft und das Kenntlich machen dieser Ablehnung. Dies ist eine Verhaltensform wie es bewusst Kriminelle ebenfalls haben. Auch diese leben in einem gesamtgesellschaftlich abgelehnten System von Ritualen und Moralen. Ob die Ablehnung der Individuen, die in dieser Gesellschaft keine Chance haben zur Sucht oder Kriminalität tendieren, hat nur definitorischen Charakter, ist aber von der Qualität identisch. Der Unterschied liegt darin ob das Aggressionspotential nach innen gerichtet ist (Sucht — Selbstzerstörung) oder nach aussen gerichtet ist (Sucht — Fremdzerstörend). In beiden Fällen handelt es sich eindeutig um Ablehnung der bestehenden Gesellschaft von einem Personenkreis, der chancenlos ist (pathologische Fälle sind hier nicht gemeint). In beiden Fällen versucht die Gesellschaft, nicht die Konfrontation zu suchen und damit selbst in Frage zu stellen, sondern vielmehr beiden Gruppen einen Krankheitsstatus zu verpassen, denn nur so kann sich die Gesellschaft vor dem Nachdenken über ihre Fehler drücken, ihre Lebensform unreflektiert erhalten und die anderen zu Kranken stempeln, die Armen, die geheilt werden müssen, um in die "Normalität" der Gesellschaft zurückkehren zu können.

Durch die zunehmende Einebnung von Kultur- und damit auch Moralformen werden die Nischen für ein andersartig sein, also für das Ausleben von innerer Moral, immer weniger. Die körperliche Gewalt wird weltweit geächtet, echter Individualismus ist nur in vorgefertigten Bahnen erlaubt, die Kontrolle wird immer enger, Menschen weichen in die innere Immigration, Subkultur, Drogen

Die Einebnung einer jeden individuellen und Gruppenmoral in eine gesellschaftliche Moral (Normisierung) findet ihr Ergebnis in einer Zunahme an Krankheiten, die durch eben diese eingeebneten Normen definiert sind. Solange abweichendes Verhalten als `Krankheit` definiert werden muss um es zu tolerieren, werden die `Normalen`, sprich angepassten Menschen, die Kostentragen müssen, um das Anderssein der Individualisten als `Krankheit` zu finanzieren. Die Aufhebung einer zu starren Gesellschaftsmoral zu Gunsten von differenten, koexistierenden Gruppen-Moralen gäbe uns die Möglichkeit, wieder eine gesunde und <u>wirklich</u> pluralistische Gesellschaft zu entwickeln.

Für die Fehler, die wir als Gesellschaft heute der jungen Generation antun, müssen wir morgen als Gesellschaft zahlen. Und heute ist Morgen. Warum also weinen wir, wenn uns die Kosten unserer Vorväter überrollen. Wir sind keine Einzellebewesen, wir tragen die Schuld(en) unserer Ahnen, so wie unsere Kinder verdammt sind, die Belastungen zu tragen, die wir Ihnen auferlegt haben und noch auferlegen werden.

Weh Dir, dass Du ein Enkel bist!!!

Bereits vom Autoren erschienen:

„ES - die endlose Existenz" ES Band 1

Eine quantenphilosophische Erkenntnistheorie über die Existenz nach dem biologischen Tod, vor allem aber, wie das Leben auch in schweren Stunden mit dieser Erkenntnis besser zu meistern ist.

Rezension 1: Dieses Buch hat es in sich. Der Autor versucht, etwas Unvorstellbares plastisch darzustellen. Dies ist ihm gelungen, ob man nun überzeugt wird, oder nicht. Teilweise etwas schwierig zu lesen, daher nur 4 Sterne. Ansonsten aber durchaus lesenswert!

Rezension 2: ... und dieses Buch hat dann gezeigt, dass ich recht hatte, aber es zeigt mir auch, wie ich mich von meinen Ängsten lösen kann und der Endlichkeit entgegentreten. Wow - dieses Buch hat mein Leben positiv verändert.

ISBN **978 373 573 9308**

in Vorbereitung:

„ES - die endlose Intelligenz" ES Band 2

„ES - die grenzenlose Energie" ES Band 3

Alle Kommunikationsadressen zum Autoren UweSchmidt:

Meine Künstlerseite:
www.Lexikon-der-Parallelwelten

E-Mail Adresse:

Allgemeine Nachrichten: filosof@gmx.net

Malerei: UweSchmidtArt@gmx.de

Lieferanschrift: Uwe Schmidt

                          Bramfelder Chaussee 252
                          22177 Hamburg

Postanschrift: Uwe Schmidt
                          Postfach 71 01 29
                          22161 Hamburg

Telefon: **0177-649 3557**